사하라

이야기

2

STORIES OF THE SAHARA (撒哈拉歲月)

Copyright ⓒ 1976, 2011, Sanmao
First published by Crown Publishing Company Ltd. in Taiwan in 1976.
Korean edition published by agreement with Crown Publishing
Company Ltd. in association with The Grayhawk Agency,
through Danny Hong Agency

Korean translation copyright ⓒ 2020 by JINABOOKS

이 책의 한국어판 저작권은 대니홍 에이전시를 통한 저작권사와의
독점 계약으로 지나북스에 있습니다. 신저작권법에 의해 한국 내에서 보호를
받는 저작물이므로 무단 전재와 복제를 금합니다.

사하라 이야기

싼마오三毛 산문집
조은 옮김

감람수

내가 어디서 왔는지 묻지 말아요, 나의 고향은 머나먼 곳.

무엇을 찾아 이토록 멀리서 떠도는 걸까요.

하늘을 훨훨 나는 작은 새를 찾아

산골짜기를 흐르는 작은 시냇물을 찾아

끝없이 넓은 초원을 찾아 이렇게 먼 곳에서 유랑하고 있어요.

그리고 꿈에서 보았던 감람수를 찾아서.

내가 어디서 왔는지 묻지 말아요, 나의 고향은 머나먼 곳.

무엇을 찾아 이토록 멀리서 떠도는 걸까요.

꿈에서 보았던 감람수를 찾아서.

차례

사막의 밤에 칼을 차고	009
인형 신부	031
죽음의 부적	046
영혼을 담는 기계	074
이름 없는 중사	093
길 위의 사람들	119
적막한 땅	152
벙어리 노예	193
흐느끼는 낙타	225
사소한 이야기	301

사막의 밤에 칼을 차고

처음 사막에 꽂혔을 때, 나는 세계 최초로 사하라 사막을 횡단한 여성 탐험가가 되겠다는 희망에 부풀어 있었다. 사막은 문명 지역이 아니라서 과거에 세계 곳곳을 여행한 경륜이 있다 해도 그 땅에서는 딱히 쓸모가 없기 때문이다. 유럽에 있으면서 매일 밤 이런 생각에 잠을 이루지 못했다.

거의 반년을 생각한 끝에 나는 상황을 좀 더 살펴보기로 마음먹었다. 사막은 아무 계획도 없이 무작정 갈 수 있는 곳이 아니었다. 커다란 물통 하나에 낙하산만 갖고 비행기에서 뛰어내릴 수는 없는 노릇 아닌가. 나는 일단 스페인령 서사하라의 수도인 라윤으로 갔다. 사실 수도라고 인정하기엔 좀 그런 곳이었다. 라윤은 드넓은 사막에 자리 잡은 작은 마을이었다.

거리 네다섯 개에 은행 몇 개에 가게 몇 개밖에 없는, 서부영화 속 변두리 마을처럼 황량하기 그지없는 풍경이었다. 보통 수도라 하면 있기 마련인 번화한 분위기는 눈 씻고 찾아봐도 없었다.

내가 빌린 집은 교외에 있었다. 낡아빠진 집인데도 집세는 유럽의 평범한 집보다 훨씬 비쌌다. 가구가 없어서 현지인이 쓰는 풀로 만든 자리를 바닥에 깔고 매트리스를 하나 사서 다른 방에 놓고 침대로 삼아 그럭저럭 지내보기로 했다. 물은 옥상에 기름통을 하나 놓고 날마다 6시쯤 시청에 가서 짠물을 받아 왔다. 사막의 깊은 우물에서 길은 물이라는데 왜 그런지 몹시 짰다. 세수하고 목욕할 때 그 물을 쓰고 식수는 따로 한 병씩 사 마셔야 했으며 무지 비쌌다.

처음 왔을 때는 참으로 적막한 나날이었다. 나는 아랍어를 할 줄 몰랐는데 이웃은 사하라 현지인뿐이었다. 스페인어를 할 줄 아는 부녀자는 거의 없었고 오히려 아이들과 어설프게 말이 통했다. 문을 열고 나가면 바로 거리, 거리 저편은 끝없이 아득한 사막이었다. 광활하고 부드럽고 여유롭고 신비로운 옅은 황토색 땅이 하늘과 맞닿는 곳까지 펼쳐져 있었다. 아마도 달 풍경이 이 땅과 비슷하지 싶었다. 나는 황혼 무렵 노을에 붉게 물든 사막이 참 좋았다. 해 질 녘이 되면 옥상에 올라가 하늘이 새까매질 때까지 사막을 바라보며 앉아 있었다. 그러면 알 수 없는 쓸쓸함이 가슴속에 차오르곤 했다.

처음에는 잠깐만 쉬다가 대사막으로 여행을 떠날 생각이었다. 그런데 아는 게 하나도 없어서 날마다 시내 경찰서까지 뛰어다니며 알아보느라 고생이 이만저만이 아니었다.(사실 뛰지 않을 수가 없었다. 경찰서에서 자꾸 내 여권을 압수해서 추방하려 하는 거다.) 나는 일단 부서장을 찾았다. 그는 스페인 사람이었다.

"사막에 가고 싶은데 어떻게 하면 될까요? 저 좀 도와주실 수 있나요?"

"사막? 지금 사막에 있잖아요? 고개 들고 창밖을 보세요. 저게 뭡니까?"

부서장은 고개도 들지 않은 채 말했다.

"아니아니, 이렇게 한 바퀴 돌고 싶다고요."

나는 벽에 걸린 지도 위로 팔을 커다랗게 휘둘러 홍해를 가리켰다.

그는 나를 위아래로 훑어보았다.

"아가씨, 지금 무슨 소리 하고 있는지 알아요? 말도 안 되는 일이에요. 저녁 비행기로 마드리드로 돌아가시죠. 귀찮은 일에 휘말리고 싶지 않습니다."

나는 초조해졌다.

"귀찮게 하려는 게 아니에요. 석 달은 지낼 만한 돈이 있어요. 이것 좀 보세요, 여기요."

나는 주머니에서 꼬질꼬질한 지폐를 꺼내 부서장에게 내밀어 보였다.

"좋아요, 그렇다면 어쨌든 3개월 체류 기간을 드리죠. 3개월 안에는 꼭 돌아가야 합니다. 지금 어디에 사십니까? 등록부터 합시다."

"교외에 살아요. 번지수가 없는 집인데 어떻게 설명한다…… 그림으로 그릴게요."

이렇게 나는 사하라 사막에서 살아가고 있었다.

외롭다고 자꾸 하소연하려는 건 아니지만, 처음 한동안은 이 힘겨운 수련을 견디지 못해 유럽으로 돌아가고픈 마음이 간절했다. 모래바람이 지긋지긋하게 휘몰아치는 데다가 낮에는 펄펄 끓는 듯 뜨겁고 밤이 되면 솜옷을 껴입을 만큼 추웠다. 나는 스스로에게 묻고 또 물었다. 왜 기어이 사막에 남아야 하지? 아무도 기억하지 않는 궁벽한 세상 끝에 혼자 와서 뭐 하겠다는 거야? 그러나 답을 찾을 수 없는 질문이었고, 나는 여전히 하루하루를 버텨 가고 있었다.

사막의 밤에 칼을 차고

부서장 다음으로 알게 된 사람은 퇴임한 '사막 군단' 사령관이었다. 스페인 사람이지만 평생을 사막에서 보낸 그는 나이가 들어 현직에서 물러났어도 스페인으로 돌아가려 하지 않았다. 나는 그에게 사막에 가는 방법을 알려 달라고 청했다.

"아가씨, 그건 불가능한 일이라오. 사람이란 모름지기 자기가 처한 상황을 헤아릴 줄 알아야 해요."

나는 잠자코 있었지만 얼굴빛은 틀림없이 좀 어두워졌을 거다.

"이 군사 지도 좀 봅시다."

그는 벽에 걸린 지도를 가리켰다.

"여기가 아프리카요. 여기가 사하라 사막이고. 점선이 길이지. 다른 곳은 그냥 알아서 가는 거요."

지금껏 보았던 수천 가지 지도와는 딴판인 지도였다. 이 퇴임 사령관의 지도 위에는 서사하라에 그려진 점선 몇 줄과 나라와 나라를 가르는 국경선뿐 나머지는 텅 비어 있었다.

"길이라니 무슨 뜻이에요?"

"내가 말하는 길이란 곧 앞사람이 지나간 흔적이라오. 날이 좋을 때는 보이지만 모래바람이 한번 불면 사라져 버려요."

고맙다고 인사하고 그와 헤어졌다. 마음이 몹시 무거웠다. 확실히 나는 주제넘은 욕심을 부리고 있었다. 그렇지만 이대로 포기할 수는 없었다. 나는 못 말리는 고집쟁이니까.

낙담하는 대신 현지인을 찾아가기로 했다. 이 기대한 사막에서 살아가는 사하라위 사람들에게는 틀림없이 그들만의 방법이 있으리라.

사하라위족이 사는 교외에는 광장이 하나 있었다. 낙타와 지프, 염소와 갖가지 짐이 뒤섞여 몹시 붐비고 혼잡한 와중에 기도를 올리는 이슬람교도 노인이 보였다. 나는 기도가 끝나기를 기다렸다가 노인에게 다가가 사하라를 횡단하는 방법을 물었다. 그는 스페인어를 할 줄 알았다. 노인이 입을 열자 젊은이들이 잔뜩 모여들었다.

"홍해까지 걸어가겠다고? 나도 평생 한 번도 안 가본 길인데. 이제 홍해에서 유럽까지 비행기가 다녀. 비행기를 갈아타면 편안히 갈 수 있는데 왜 하필 사막을 가로질러 가려고?"

"그렇긴 한데요, 그래도 사막을 지나가고 싶어요. 제발 가르쳐 주세요."

나는 노인이 잘 알아듣지 못할까 봐 목청을 높였다.

"기어이 가겠다고? 뭐 갈 수는 있어! 잘 들어. 지프를 두 대 빌려. 한 대가 고장 날 때에 대비하는 거야. 그리고 길 안내할 사람을 구해. 제대로 준비하면 가볼 만해!"

사막의 밤에 칼을 차고

시도해 보라는 말을 들은 것은 이번이 처음이었다. 나는 다급하게 물었다.

"차 빌리는 데 하루에 얼마죠? 안내자는요?"

"차 한 대가 하루에 3천 페세타, 안내자도 3천 페세타야. 식량하고 기름값은 따로 준비하고."

좋았어, 나는 머릿속으로 계산기를 두드려 봤다. 기본 금액만 한 달에 18만 페세타였다.

아니, 계산을 잘못했다. 차가 두 대니까 27만 페세타였다. 거기다 각종 장비, 기름, 식량과 물까지 하면 한 달에 40만 페세타는 있어야 했다.

나는 주머니에 든 지폐 몇 장을 만지작거렸다. 기가 팍 죽고 말았다.

"엄청 비싸네요. 저한테는 무리예요. 고맙습니다."

자리를 뜨려 하는데 노인이 또 말했다.

"더 적게 드는 방법도 있긴 한데."

그 말에 나는 다시 노인 앞에 쪼그려 앉았다.

"무슨 말씀이세요?"

"유목민을 따라가면 돼. 빗물이 있는 곳을 찾아다니는데 아주 온화한 사람들이야. 유목민을 따라다니면 돈이 조금 들 게야. 내가 소개해 줄 수 있어."

"고생은 얼마든지 할 수 있어요. 그럼 제가 쓸 텐트랑 낙타를 사면 되겠죠? 도와주세요. 바로 떠날 수 있어요."

노인이 웃으며 말했다.

"언제 떠난다고는 장담 못 해. 어느 때는 한곳에 1~2주씩 머물고 또 어느 때는 석 달에서 여섯 달까지도 있거든. 염소를 먹일 만한 말라붙은 수풀을 찾아다니는 거야."

"유목민이 사막을 한 번 다녀오는 데는 얼마나 걸려요?"

"글쎄, 아주 느긋한 사람들이니 한 10년 걸리지!"

그 말에 다들 웃음을 터뜨렸다. 나만 홀로 웃을 수 없었다. 나는 한참을 걸어 내 거처로 돌아왔다. 멀고 험한 여정 끝에 마침내 사막에 왔는데 이 작은 마을에서 발이 묶일 줄이야. 다행히 아직 석 달이라는 시간이 있었다. 잠깐 숨 돌리며 다시 계획을 세워 보자!

이곳에 온 다음 날, 집주인이 식구들을 인사하라고 우리 집에 보냈다. 문밖에서 아이들 한 무리가 서로 밀치락달치락하고 있었다. 나는 가장 작은 아이를 끌어안고 웃으며 말했다.

"다들 들어와. 뭐라도 같이 먹자."

아이들은 쑥스러워하며 뒤에 서 있는 뚱뚱한 여자를 돌아보았다. 커다란 눈망울, 긴 속눈썹, 새하얀 이, 옅은 갈색 피부를 가진 매우 아름다운 여자였다. 청록색 천을 온몸에 휘감고 머리도 두건으로 감싸고 있었다. 그녀가 다가오더니 내 얼굴에 자기 얼굴을 맞대며 말했다.

"살람 알라이쿰!(평화가 있기를!)"

"살람 알라이쿰!"

나도 똑같이 대답했다. 한눈에 그녀가 좋아졌다.

계집아이들은 모두 알록달록 화려한 아프리카 꽃무늬 드레스를 입고 머리는 여러 갈래로 뱀처럼 땋아 올린 모습이 아주 예뻤다. 사내아이들은 옷을 걸친 아이도 있고 맨몸인 아이도 있었으며 다들 맨발에 짙은 체취가 풍겼다. 얼굴은 하나같이 어여쁘고 잘생겼는데 좀 심하게 더러웠다.

나중에 집주인을 만났을 때 나는 이렇게 말했다.

"부인이 정말 미인이세요."

"이상하네, 내 아내를 본 적이 없을 텐데!"

집주인 한디는 경찰이며 스페인어를 잘했다.

"그럼, 그때 그 뚱뚱한 미인은 누구죠?"

"아! 큰딸 쿠카 말이군. 겨우 열 살인데."

나는 깜짝 놀라 멀뚱멀뚱 그를 바라보았다. 쿠카는 매우 성숙해 보여 서른 살은 된 줄 알았는데, 도저히 믿기지 않았다.

"아가씨도 열 몇 살쯤 됐지? 내 딸하고 사이좋게 지내면 좋겠네."

황당해진 나는 겸연쩍게 머리를 긁적였다. 이 사람에게 내 나이를 어떻게 알려 줘야 한담.

나중에 쿠카와 친해지고 나서 물어보았다.

"쿠카, 너 진짜 열 살밖에 안 됐어?"

"뭐라고요?"

"몇 살이냐고?"

"나도 몰라요! 난 손가락 숫자만큼만 셀 수 있어요. 여자들은 자기가 몇 살인지 몰라요. 내가 몇 살인지 아는 사람은 한디밖에 없어요."

쿠카네 형제자매는 한디를 '아빠'라고 부르지 않고 그냥 이름을 불렀다.

알고 보니 쿠카뿐 아니라 쿠카 엄마도 다른 이웃 여자들도 아무도 수를 셀 줄 몰랐다. 자기가 몇 살인지는 아무래도 상관없고 오로지 얼마나 뚱뚱한지에만 관심이 있었다. 늙건 젊건 여기서는 무조건 뚱뚱해야 미인이었다.

어느새 한 달이 지났다. 그동안 친구가 꽤 많이 생겼다. 스페인 사람도 있고 사하라위족도 있었다. 고등학교를 졸업한 사하라위 청년도 한 명 알게 되었는데 여기서는 매우 드문 경우였다.

어느 날 그가 몹시 들떠서 소식을 전했다.

"내년 봄에 결혼해요."

"축하해요, 결혼할 분은 어디 살아요?"

"사막에요. 하이마(천막)에 살아요."

나는 이 똑똑하고 잘생긴 청년이 여느 사하라위족과는 좀 다른 대답을 하리라 기대하며 물었다.

"약혼녀가 몇 살이에요?"

"올해 열한 살이에요."

나는 질겁해서 소리쳤다.

"당신은 고등 교육을 받은 사람이잖아요? 맙소사!"

그러자 그는 나에게 성난 눈길을 보냈다.

"뭐 잘못됐어요? 첫 아내는 아홉 살에 나한테 시집왔다고요. 이제 열네 살이에요. 아이를 둘이나 낳았어요."

"네? 아내가 있어요? 왜 내내 말을 안 했어요?"

"그게 뭐 말할 거리예요? 여자란 건……."

나는 눈을 부릅뜨고 물었다.

"네 명까지 채울 작정이에요?"(이슬람교도는 아내를 넷까지 맞을 수 있다.)

"그럴 수가 없어요. 돈이 없거든요. 둘이면 족해요."

오래지 않아 쿠카도 울면서 결혼식을 올렸다. 결혼할 때 신부가 우는 것은 사실 사하라위 풍속이었지만, 내가 쿠카 처지라면 아마 평생을 통곡하며 살 것 같았다.

어느 날 해 질 무렵이었다. 문밖에서 자동차 경적이 울렸다. 얼른 뛰어나가 보니 새로 사귄 친구 부부가 지프에서 손짓하며 말했다.

"빨리 타요. 드라이브하러 가요."

이들 부부는 스페인 사람으로 남편은 사막에서 공군으로 복무하고 있었다. 이들에게는 현대적인 '사막의 배'가 있었다. 나는 뒷좌석에 올라타며 물었다.

"어디 가는데요?"

"사막에요."

"얼마나 걸려요?"

"두세 시간이면 돌아올 거예요."

사실 시내건 교외건 온통 모래밭이었지만 우리는 기어코 멀리까지 나갔다. 다른 차가 남긴 바큇자국을 따라 끝없는 사막 속을 달려갔다. 해가 떨어지려 하는데도 여전히 뜨거웠다. 좀 피곤해서 눈이 자꾸 감겼다. 살짝 졸다가 눈을 뜨니, 헉, 200미터 전방에 갑자기 커다란 오아시스가 보였다. 수면은 거울같이 잔잔하고 주위에는 나무가 몇 그루 서 있었다.

눈을 비볐다. 차가 그리로 쏜살같이 돌진하고 있었다. 나는 운전하는 남자 머리를 냅다 갈기며 소리를 질렀다.

"이봐, 저기 물이 안 보여! 죽고 싶어!"

그런데 그는 나를 무시한 채 속도를 높이는 게 아닌가! 조수석을 보았지만 여자는 알 수 없는 웃음만 짓고 있었다. 차는 멈추지 않고 오아시스는 점점 가까워졌다. 나는 될 대로 되라는 심정으로 얼굴을 무릎에 파묻었다.

멀지 않은 사막에 커다란 오아시스가 있다고 듣긴 했지만 그게 여기 있을 줄이야. 살짝 고개를 들었다. 여전히 눈앞에 오아시스가 있었다. 다시 허리를 구부리고 머리를 감싸는 수밖에 없었다. 차는 100여 미터를 더 가고야 멈춰 섰다.

"어이, 눈 좀 떠봐요!"

친구들이 부르는 소리에 고개를 들었다. 끝없는 황야가 보였다. 떨어지는 저녁 해에 대지는 핏빛으로 물들고 모래바람이 가득 일고 있었다. 눈앞에 펼쳐진 풍경은 사납고 거친 대사막이었다.

오아시스는 어디 갔담? 오아시스는커녕 물 한 방울 보이지 않았다. 나무도 물론 사라졌다. 나는 앞좌석을 꽉 붙든 채 아무 말도 못 하고 있었다. 이런 귀신이 곡할 노릇이 있나.

나는 차에서 뛰어내려 두 발로 땅을 딛고 섰다. 손도 대보았다. 진짜 땅이었다. 그 오아시스는 어디로 간 거지? 얼른 차를 돌아보았더니 차도 그대로 있고, 안에서 두 친구가 허리가 꺾어져라 웃고 있었다.

"알았다, 신기루였구나. 맞죠?"

차에 올라탄 뒤에도 소름이 가라앉지 않았다.

"정말 오싹하네요. 어떻게 그렇게 가까이 있어요? 영화에서 보면 신기루는 굉장히 멀리 있던데."

"이런 일이야 아주 흔해요. 당신도 천천히 사막을 알아 가게 될 거예요! 재미난 일이 얼마나 많다고요."

이 일이 있고 나서 나는 뭘 봐도 내 눈을 믿지 못하고 직접 만져 보았다. 신기루에 크게 데여 봐서 그런다고는 못 하고 남들에게는 이렇게만 말했다.

"근시가 심해서요. 만져 봐야 확실히 알거든요."

어느 날 문을 열고 빨래를 하고 있었다. 집주인네 염소가 뛰어들어 오더니 유일하게 담수를 줘가며 애지중지 키우는 화초를 먹어 버렸다. 꽃은 피지 않았지만 싱그러운 초록색 이파리 두 개가 나 있었는데 염소가 싹둑 먹어치운 거다. 나는 염소에게 달려들어 마구 두들겨 패고 내동댕이까지 쳤다. 머리 꼭대기까지 화가 난 나는 당장 주인집으로 달려가 난리를 쳤다.

"너네 염소가 내 화초 이파리를 먹어 버렸어!"

열다섯 살인 맏아들 파신이 느긋하게 물었다.

"몇 개나요?"

"두 개 있던 걸 다 먹어치웠어."

"겨우 이파리 두 개로 그렇게 화를 내요? 심하시네!"

"뭐야? 여기가 사하라 사막이라는 걸 잊었니? 풀 한 포기 나지 않는데, 내 화초를……."

"화초 얘긴 관두고요, 오늘 밤에 뭐 하세요?"

"별일 없는데."

생각해 보니 정말 아무 일도 없었다.

"친구들하고 외계인을 잡으러 갈 건데요. 같이 갈래요?"

"비행접시 말이니? UFO라도 착륙하는 거야?"

내 호기심이 또다시 발동했다.

"바로 그거예요."

"이슬람교도는 남을 속이면 안 된단다, 꼬마야."

파신은 손을 들어 진짜라고 맹세했다.

"오늘 밤은 달이 안 뜨니까 아마 나타날 거예요."

"갈래! 갈래!"

냉큼 대답하고 나니 설레기도 하고 겁도 좀 났다.

"붙잡을 거야?"

"그럼요! 나오자마자 붙잡아야죠. 그런데 남자 옷 입고 와야 돼요, 사막 복장으로요. 여자는 데려가면 안 되니까."

"그래그래. 두건 하나만 빌려줘. 두꺼운 겉옷도."

그리하여 그날 밤 나는 파신 패거리와 함께 두 시간을 걸어 불빛 한 조각 없는 모래밭에 이르렀다. 우리는 모래밭에 엎드렸다. 칠흑같이 캄캄한 밤, 별빛이 다이아몬드처럼 차가운 빛을 뿜었다. 얼굴을 때리는 칼바람에 따귀를 맞은 듯 얼얼했다. 나는 두건으로 코까지 감싸고 눈만 내놓고 있었다. 얼어 죽기 직전에 파신이 나를 툭 쳤다.

"쉿, 움직이지 말고, 들어 봐요."

우웅, 우웅, 우웅, 모터 돌아가듯 웅웅대는 소리가 사방에서 들려왔다.

"아무것도 안 보여!"

"쉿, 소리치지 마요."

파신은 손가락으로 멀지 않은 허공을 가리켰다. 높은 하늘에 오렌지색으로 빛나는 비행물체가 천천히 날아오고 있었다. 나는 그 비행체를 홀린 듯 정신없이 바라보았다. 몸은 바짝 긴장했는지 손톱이 모래땅을 깊이 파고들었다. 그 괴물체는 한 바퀴 빙 돌고는 가버렸다. 한숨 돌리고 있는데 그 물체

사막의 밤에 칼을 차고

가 다시 천천히 날아왔다. 이번에는 고도가 더 낮았다.

이제 좀 빨리 사라져 주었으면, 외계인을 잡기는커녕 그들에게 잡혀가지 않으면 다행이다 싶었다. 비행물체는 내려오지는 않고 그대로 한참 동안 허공에 떠 있었고, 나는 꼼짝 않고 웅크리고 있었다. 그렇게 추운데도 온몸에 땀이 났다.

집에 돌아오니 어느새 날이 훤히 밝았다. 나는 문 앞에서 두건과 겉옷을 벗어 파신에게 돌려주었다. 그때 마침 경찰인 집주인이 돌아왔다.

"어이, 어디들 가나?"

파신은 아버지를 보자마자 강아지마냥 꼬리를 내리고 집으로 냉큼 들어가 버렸다.

"지금 오시는 거예요! 비행접시 보러 갔었어요."

내가 대답했다.

"저 녀석이 당신까지 속이다니, 당신도 끌려갔군요."

나는 잠깐 생각해 보고 집주인에게 말했다.

"진짜였어요. 그 오렌지색 물체는 비행기가 아니에요. 훨씬 느리고 훨씬 낮게 날아요."

집주인도 곰곰이 생각하더니 입을 열었다.

"하긴 본 사람이 아주 많아요. 밤에 출몰한 지 벌써 몇 년째예요! 설명하기 힘든 일이죠."

그 말에 나는 또 한 번 놀랐다.

"설마 내가 본 그 비행물체를 믿으세요?"

"아가씨, 난 알라 신을 믿는 사람이에요. 그렇지만 그 물체는 사막 하늘에 분명히 존재하는 거예요."

밤새 꽁꽁 얼어 있다 돌아왔지만 나는 한참 동안 잠을 이루지 못했다.

어느 날 밤에 있었던 일이다. 친구 부부네 집에 가서 낙타 고기를 구워 먹었다. 나와 보니 이미 깜깜한 밤이었다.

"자고 가요! 우리 집에서 자고 내일 아침에 가요."

내가 보기에는 전혀 늦지 않은 시각이었다. 집에 가겠다고 하자 남자가 난감한 얼굴로 말했다.

"우린 바래다줄 수가 없어요."

나는 신고 있는 장화를 툭툭 치며 두 사람에게 말했다.

"괜찮아요, 이게 있거든요."

그러자 부부가 동시에 물었다.

"그게 뭔데요?"

나는 연극하듯 팔을 휙 쳐들고 장화 속에 숨겨 뒀던 날카로운 칼을 번쩍번쩍 휘둘렀다. 악! 여자가 비명을 지르고, 세 사람이 다 같이 배를 잡고 한참을 웃었다. 나는 작별을 고하고 발걸음을 뗐다.

　우리 집까지는 40분쯤 걸렸다. 그리 먼 길은 아니지만 하필이면 커다란 공동묘지 두 곳을 지나가야 했다. 이곳 사하라위 사람들은 관을 쓰지 않고 하얀 천으로 시신을 감싸 모래 속에 묻는다. 그리고 죽은 사람이 한밤중에 일어나 앉는 일이 없게끔 그 위를 돌로 눌러 놓을 뿐이다. 그날 밤은 휘영청 달이 밝았다. 나는 '사막 군단' 군가를 우렁차게 부르며 걸어갔다. 그런데 생각해 보니 노래를 부르면 목표물을 더 뚜렷이 노출할 뿐이잖은가. 사막에는 등불이 없으니까. 나는 입을 다물었다. 이제 흐느끼는 바람 소리 말고는 내 발소리만 들렸다.

　달빛 아래 첫 번째 묘지가 선명하게 나타났다. 나는 무덤 사이를 조심스레 지나갔다. 영원한 안식에 든 사람들을 밟아서는 안 되었다. 두 번째 묘지는 작은 언덕 기슭에 있는데 지나가기가 쉽지 않았다. 집에 가려면 꼭 이리로 내려가야 하는데 무덤이 빽빽하게 들어차 있어 다닐 만한 길이 거의 없었다. 멀지 않은 곳에서 개 몇 마리가 무덤 주위를 쿵쿵대며 이리저리 돌아다니고 있었다. 나는 쪼그리고 앉아 돌멩이를 던졌다. 개들은 컹컹 짖으며 달아나 버렸다.

　나는 언덕 위에 서서 잠시 주위를 살폈다. 이런 심정이었다. 아무도 없어도 무섭지만 황야에서 사람을 마주치면 더 무섭지. 누군가 나타났는데 사람이 아니라면? 으으, 머리털이 쭈뼛 곤두섰다. 두 번 다시 감히 허튼 생각을 할 수가 없었다. 걸음을 재촉해 묘지를 거의 통과했는데 맙소사, 저 앞에 그림자가 어른거리는 게 아닌가. 땅에 엎드려 있던 그 그림자는 두 팔을 하늘로 쳐들고 발버둥 치다가 쓰러지더니 다시 발버둥 치다가 또 쓰러졌다.

나는 새파랗게 얼어붙었다. 아랫입술을 꼭 깨물며 마음을 가라앉혔다. 어라? 그 그림자도 움직이지 않았다. 다시 자세히 살펴보았다. 엉망으로 천을 휘감은 그 형체는 분명 무덤에서 기어 나온 것이었다! 나는 반쯤 쪼그리고 앉아 오른손으로 장화 속에 숨긴 칼자루를 더듬었다. 괴이한 바람이 한바탕 거세게 휘몰아쳤다. 그 바람에 떠밀려 나는 몽유병 환자처럼 그 형체에 몇 발짝 다가섰다. 그 형체는 달빛 아래서 또 한 차례 발버둥 치기 시작했다. 나는 주위를 둘러보며 형세를 살폈다. 뒤쪽은 낮은 비탈이라 빨리 달아나기 힘들었다. 물러서기는 여의치 않고, 차라리 정면 돌파가 낫겠다 싶었다. 나는 살그머니 한 발 한 발 걷다가, 아아악 괴성을 지르며 그 형체 옆을 쏜살같이 스쳐 지나갔다. 순간 그 형체도 느닷없이 비명을 질렀다. 으악, 으아악…… 그 목소리는 나보다 훨씬 처절했.

나는 급히 가다가 우뚝 섰다. 사람 목소리잖아! 뒤를 돌아보

사막의 밤에 칼을 차고

니 현지인 차림을 한 남자가 넋 나간 얼굴로 서 있었다.

"누구냐? 이런 파렴치한 놈, 숨어서 여자를 놀래다니 뭐 하는 놈이야?"

나는 겁도 없이 스페인어로 마구 욕을 퍼부었다.

"나, 나는……."

"도둑놈이지? 한밤중에 무덤을 파헤치러 왔네, 맞지?"

도대체 어디서 불쑥 튀어나온 용기인지 나는 그에게 성큼성큼 다가갔다. 얼굴을 보니 아이고! 풋내기 아닌가. 스무 살도 안 되어 보였다. 얼굴은 온통 모래 범벅이었다.

"어머니 묘소에서 기도드린 거예요. 놀래려 한 게 아니에요."

"헛소리 집어치워."

나는 그를 확 밀쳤다. 그는 급기야 울음을 터뜨렸다.

"그쪽에서 날 놀라게 했잖아요. 진짜 억울하네. 당신이 나한테, 나한테……."

"내가 놀라게 해? 무슨 뚱딴짓소리야?"

정말이지 어처구니없는 상황이었다.

"난 열심히 기도하고 있었다고요. 그런데 바람 속에서 웬 노랫소리가 들리는 거예요. 뭔가 들어 보는데 뚝 끊기더니, 좀 이따 개가 짖으며 달아나더라고요. 엎드려서 다시 기도하는데 당신이 언덕 위에서 나타났잖아요, 머리는 산발을 해서 휘날리면서…… 기겁해서 나자빠지는데 곧바로 나한테 달려들어 소리를 지르고…….”

순간 폭소가 터져 나왔다. 웃느라 비틀거리다가 죽은 사람 가슴에 발을 올릴 뻔했다. 나는 한참을 웃고 나서 그 풋내기에게 말했다.

"무슨 담이 그렇게 콩알만 해. 한밤중에 또 나와서 기도해야 할 텐데. 얼른 집에 가!"

그는 허리를 꾸벅하고는 총총히 사라졌다.

퍼뜩 아래를 내려다보는데 젊은이 어머니의 왼손 부분에 내 한쪽 발이 놓여 있었다. 얼른 발을 치우고 주위를 둘러보니 달빛은 어느새 사라지고 새까만 어둠 속이었다. 묘지 저쪽 끝자락에서 뭔가가 기어 나오는 것 같았다. 나는 낮은 비명을 지르며 냅다 뛰기 시작했다. 한달음에 집까지 달려와 문을 벌컥 열고 들어왔다. 문에 기대 헐떡이며 시계를 보니 40분 거리를 겨우 15분 만에 주파했다.

친구가 한 말이 떠올랐다.

"사막에 재미난 일이 얼마나 많다고요. 천천히 알아 가요!"

오늘 밤은 이미 차고 넘쳤다.

인형 신부

쿠카를 처음 만난 것은 작년 이맘때였다. 쿠카 아빠는 경찰관 한디였고, 쿠카네 가족은 우리의 작은 오막살이 근처에 있는 커다란 집에 살고 있었다.

쿠카는 머리를 굵게 땋아 내리고 아프리카 특유의 커다란 꽃무늬가 있는 긴 원피스를 입고 맨발로 다녔다. 베일로 얼굴을 가리지도, 천으로 온몸을 가리지도 않은 채 우리 집 근처에서 낭랑하고 쾌활한 목소리로 양을 부르곤 했다. 무척이나 명랑한 아이였다.

반년쯤 지나니 한디네 가족과 우리는 좋은 친구가 되어 매일같이 함께 차를 마셨다. 어느 날 한디 부부와 차를 마시고 있는데 한디가 불쑥 말했다.

"내 딸이 곧 시집을 가게 됐어요. 당신이 적당한 때 그 애에게 말 좀 해줘요."

나는 차를 한 모금 마시고는 난감해하며 물었다.

"쿠카 얘기예요?"

"네. 라마단 지나고 열흘째 되는 날 시집보낼 거예요."

이슬람교의 금식월인 라마단이 다가오고 있었다.

아무 말 없이 차를 마시다가 나는 결국 참지 못하고 한디에게 말했다.

"너무 어리지 않아요? 쿠카는 이제 겨우 열 살인데요."

한디는 무슨 소리냐는 듯이 말했다.

"어리긴요. 내 아내는 여덟 살에 나한테 시집왔어요."

사하라의 풍속을 놓고 내가 뭐라고 말할 자격이 없었기 때문에 그냥 잠자코 있기로 했다.

"당신이 쿠카한테 얘기 좀 해줘요. 그 앤 아직 몰라요."

쿠카 엄마가 다시 나에게 부탁했다.

"왜 부모가 직접 얘기 안 하고요?"

그들의 태도가 이상스럽게 느껴졌다.

"이런 일을 어떻게 직접 말해요?"

한디는 너무도 당연한 듯이 반문했다. 가끔가다 그들이 참 고리타분해 보일 때가 있다.

인형 신부

다음 날, 산수 수업이 끝나자 나는 쿠카만 남겨 놓고 차를 끓였다.

"쿠카, 이번엔 네 차례야."

나는 차를 따라 주면서 말했다.

"뭐가요?"

쿠카는 무슨 소린지 몰랐다.

"바보, 너 곧 결혼해."

나는 단도직입으로 말했다. 쿠카는 화들짝 놀라는 것 같더니 갑자기 얼굴이 빨개져서 조그맣게 물었다.

"언제요?"

"라마단 지나고 열흘째. 너 신랑이 누군지 아니?"

쿠카는 고개를 저으며 찻잔을 내려놓고 말없이 가버렸다. 그때 나는 쿠카의 걱정스러운 표정을 처음으로 보았다.

며칠 뒤, 시내로 장을 보러 가다가 우연히 쿠카 오빠와 한 청년을 만났다.

쿠카 오빠가 나에게 청년을 소개했다.

"아부디는 경찰이에요. 한디의 부하이자 내 친한 친구죠. 그리고 쿠카의 미래의 남편이에요."

나는 쿠카의 남편 될 사람이라는 말을 듣고 청년을 몇 번이고 유심히 살펴보았다. 아부디는 피부색이 밝고 키가 훌쩍 큰 미남이었다. 말씨도 공손하고 눈빛도 따뜻했다. 첫인상이 아주 좋았다.

나는 집에 돌아오자마자 쿠카를 찾아갔다.

"걱정하지 마! 네 남편감은 아부디였어. 젊고 아주 잘생겼더라. 거칠고 못된 사람이 아니야. 한디가 네 신랑감을 아무렇게나 고를 리가 없지."

쿠카는 내 말을 듣고 몹시 수줍어하며 고개를 숙인 채 아무런 대꾸도 하지 않았다. 보아하니 이미 결혼을 기정사실로 받아들인 모양이었다.

사하라 풍습으로는 딸을 시집보내면서 큰 수입을 얻는다. 예전에 화폐가 통용되지 않을 때는 여자 쪽에서 양, 낙타, 옷감, 노예, 밀가루, 설탕, 차 등을 결혼 예물로 받았다. 지금은 방식이 조금 바뀌어서 이런 물건들의 명단을 적어 보내면 그만큼의 돈을 받는다.

쿠카의 예물이 도착한 날, 호세는 쿠카의 집에 초대되어 차를 마시러 갔지만 나는 여자라고 못 오게 했다. 한 시간도 못 되어 돌아온 호세가 내게 말했다.

"아부디가 한디에게 20만 페세타를 줬대. 쿠카가 그렇게나 값이 나갈 줄은 생각도 못 했는데."

"완전히 사람을 파는 거 아냐!"

나는 못마땅한 듯 말했지만 마음속으로는 어찌된 일인지 쿠카가 좀 부러웠다. 내가 결혼할 때는 부모님께 양 한 마리도 안겨 드리지 못했는데…….

한 달도 못 되어 쿠카의 차림새는 딴판이 되었다. 한디는 딸에게 옷감을 잔뜩 사다 주었는데 모두 검은색과 진한 청색뿐이었다. 짙푸른 천을 휘감은 쿠카는 온몸이 푸르스름해져 독특한 분위기를 풍겼다. 염료의 질이 나쁜지 피부에까지 물이 든 것이었다. 쿠카는 여전히 맨발이었지만 발에는 금과 은으로 된 발찌를 하고 머리를 틀어 얹기 시작했다. 몸에는 코를 자극하는 향료를 발랐는데 오랫동안 목욕을 하지 않은 고약한 체취와 뒤섞였다. 쿠카는 이제 확실히 사하라위 여인이었다.

라마단 마지막 날, 한디는 두 아들에게 할례를 받게 했다. 나는 상황을 보러 한디네 집에 갔다. 그 무렵 쿠카는 좀처럼 외출하지 않고 있었다. 쿠카의 방으로 찾아가 보니 여전히 더럽고 해진 깔개만 보이고 새로운 물건이라고는 쿠카의 옷 몇 벌뿐이었다.

"너 결혼할 때 뭘 가지고 가니? 냄비도 없고 새 화로도 없네!"

"나 안 가요. 여기서 한디랑 계속 같이 살아요."

뜻밖의 대답이었다.

"네 신랑은?"

"그 사람도 여기 와서 살아요."

나는 쿠카가 참으로 부러웠다.

"얼마나 살고 나가는 거야?"

"풍습으로는 6년을 채우고 나가요."

어쩐지 한디가 그토록 많은 결혼 예물을 받더라니. 결혼하면 사위가 처가에 와서 사는 거였군.

쿠카는 풍습에 따라 결혼 전날 집을 떠나야 했다. 결혼식 당일에 신랑이 다시 신부를 데리고 오게 되어 있었다. 나는 쿠카가 전부터 달라고 조르던 가짜 옥팔찌를 결혼 선물로 주었다.

그날 오후 쿠카가 집을 떠나기 전에 쿠카의 큰이모가 왔는데 아주아주 늙은 사하라위족 할머니였다. 이모는 쿠카를 앞에 앉히고 몸치장을 해주기 시작했다. 머리를 풀어 수십 가닥으로 나누어 아주 촘촘히 땋고 정수리 위에는 작은 가발을 하나 얹었다. 고대 중국의 궁녀 머리 모양과 비슷했다. 땋은 가닥 하나하나마다 예쁜 색색 구슬을 끼우고 정수리에도 반짝이는 인조 보석을 가득 장식했다. 얼굴에 화장은 하지 않았다. 머리 손질이 끝나자 쿠카 엄마가 새 옷을 가지고 왔다.

쿠카는 주름이 많이 잡힌 풍성한 하얀 치마를 입고 상반신을 검은 천으로 감쌌다. 가뜩이나 뚱뚱한 몸이 그렇게 입으니까 더더욱 부풀어 보였다.

"이렇게 뚱뚱해!"

나는 한숨을 푹 쉬었다. 그러자 쿠카의 큰이모가 말했다.

"뚱뚱한 게 예쁜 거야. 신부는 모름지기 뚱뚱해야 돼."

몸단장을 마친 쿠카는 가만히 바닥에 앉아 있었다. 쿠카의 얼굴은 더없이 아름다워 보였다. 어두운 방 안에서 머리 위의 구슬과 보석이 반짝반짝 빛났다.

"좋아, 이제 가자!"

쿠카의 큰이모와 사촌 언니가 쿠카를 데리고 문밖으로 나갔다. 쿠카는 큰이모 집에서 하룻밤 묵고 다음 날에 다시 집으로 돌아올 수 있었다. 순간 퍼뜩 떠오르는 생각이 있었다. 아, 쿠카는 목욕을 안 했는데! 설마 결혼 전날에도 목욕을 하지 않는 건가?

결혼식 날, 한디의 집이 살짝 달라져 있었다. 더러운 깔개는 보이지 않고 염소도 밖으로 쫓겨났다. 대문 앞에는 방금 잡은 낙타 한 마리가 놓이고 집 안에는 빨간 아라비아 양탄자가 가득 깔렸다. 가장 시선을 끄는 물건은 구석에 놓인 양가죽으로 만든 커다란 북이었다. 적어도 백 년 이상의 역사를 지닌 물건처럼 보였다.

황혼 무렵이었다. 태양이 지평선 아래로 떨어지며 광활한 사막이 핏빛으로 물드는 순간, 북소리가 울리기 시작했다. 침울하고 단조로운 북소리가 멀리멀리 퍼져 나갔다. 결혼식이라는 사실을 모르고 있었다면 이런 신비한 음률이 두렵게 느껴졌을 것만 같았다. 털옷을 걸치고 한디의 집으로 향하며 나는 아라비안나이트의 아름다운 이야기 속으로 걸어 들어가는 듯한 환상에 빠져들었다.

집 안은 그리 흥겨운 분위기가 아니었다. 거실에는 사하라위 남자 한 무리가 모여 앉아 있었다. 모두들 줄담배를 피워대서 공기가 매우 탁했다. 아부디도 그 속에 끼어 있었다. 이전에 그를 보지 못했다면 그가 오늘 밤에 결혼하는 신랑이라는 사실도 몰랐을 것이다.

구석에는 석탄처럼 새까만 여자가 앉아 있었다. 거실에 있는 사람들 가운데 유일한 여자였다. 맨머리에 커다란 검은 천을 몸에 두른 그녀는 고개를 쳐든 채 온 힘을 다해서 북을 쳤다. 수십 번 북을 치고 나서는 일어서서 몸을 흔들며 날카롭게 고함을 질렀다. 북아메리카의 인디언 같은 매우 원시적인 소리였다. 이 자리에서 그녀는 단연 돋보이는 존재였다.

"저 여자는 누구지?"

나는 쿠카의 오빠에게 물었다.

"할머니 댁에서 빌려 온 노예요. 북 잘 치기로 아주 유명해요."

"정말 대단하다!"

나는 찬탄을 아끼지 않았다.

그때 방 안으로 또 늙은 여인 셋이 들어와 앉았다. 그들은 북소리에 맞추어 높낮이가 없는 노래를 부르기 시작했다. 꼭 흐느끼는 듯한 가락이었다. 동시에 남자들은 전부 그 노랫가락에 맞추어 손뼉을 치기 시작했다. 나는 여자라서 들어가지 못하고 창밖에서 구경하고 있었다. 나 말고도 젊은 여인들이 잔뜩 모여 북적였다. 그들은 얼굴을 모두 가리고 아름다운 눈망울만을 내놓고 있었다.

구경하는 동안 두 시간이 훌쩍 흘러갔다. 해가 완전히 저물었지만 북소리는 변함없이 이어졌고 손뼉을 치며 부르는 노랫가락도 여전히 똑같았다. 나는 쿠카 엄마에게 물었다.

"몇 시까지 저렇게 손뼉을 쳐요?"

"아직 멀었어요, 집에 가서 좀 자요!"

나는 쿠카 여동생에게 새벽에 신부를 맞이할 때 꼭 깨우러 와달라고 신신당부를 하고 돌아왔다.

새벽 3시의 사막은 온몸이 덜덜 떨릴 만큼 추웠다.

쿠카 오빠가 사진기를 만지작거리며 호세와 얘기를 나누다가, 내가 겉옷을 걸치고 나오자 무시하듯 말했다.

"싼마오도 따라오겠다는 거예요?"

나는 데리고 가달라고 졸라대서 겨우 허락을 받아냈다. 이 땅은 여자의 지위란 전혀 없는 곳이다.

골목골목이 지프로 가득 차 있었다. 새 차 헌 차 할 것 없이 빽빽이 들어찬 걸 보니 한디네는 이곳에서 꽤 이름 있는 집안인 모양이었다.

나와 호세도 신부를 맞으러 가는 차에 올라탔다. 지프 떼가 쉬지 않고 빵빵대며 모래땅을 빙글빙글 돌고, 남자들은 원시적인 소리를 지르면서 쿠카의 이모 집으로 향했다.

옛날에는 낙타를 타고 공포탄을 터뜨리며 천막으로 신부를 맞으러 갔다고 한다. 이제는 지프가 낙타를 대신하고 클랙슨이 공포탄을 대신하고 있었다. 하지만 왁자지껄 흥겨운 분위기는 예나 지금이나 다름이 없었다.

그러나 신부를 맞이하는 광경은 몹시 불쾌했다. 아부디는 차에서 내리자마자 친구 한 떼를 몰고 쿠카가 앉아 있는 방으로 뛰어들었다. 인사고 뭐고 없이 곧장 쿠카의 팔목을 잡고 강제로 밖으로 끌어내려 했다. 다들 웃는 가운데 쿠카만이 고개를 숙인 채 발버둥 치고 있었다. 쿠카는 아주 뚱뚱했기 때문에 아부디의 친구들도 힘을 합쳐 그녀를 끌어냈다. 쿠카는 울기 시작했는데 진짜로 우는 건지 가짜로 우는 건지 알 수가 없었다. 하지만 여러 사람이 어린 소녀를 이렇게 거칠게 잡아끄는 것을 보고 있자니 감정이 격해졌다. 나는 아랫입술을 꽉 깨물고 그 법석이 어떻게 끝나는가를 지켜보고 있었지만 속으로는 분노가 치밀었다.

쿠카는 결국 문 밖으로 끌려 나왔다. 그때 쿠카가 갑자기 손을 뻗쳐 아부디의 얼굴을 손톱으로 할퀴었다. 얼굴에 피 맺힌 상처 몇 줄이 나자 아부디도 가만있지 않고 쿠카의 손가락을 꺾었다. 사방은 조용했고, 쿠카의 입에서 간간이 터지는 짤막한 울음소리만이 밤하늘에 울려 퍼졌다.

그들은 반항하는 쿠카를 때리면서 지프 옆으로 끌고 갔다. 나는 긴장이 극에 달해 쿠카에게 소리를 질렀다.

"바보야, 차에 타! 네가 때려 봤자야!"

쿠카 오빠가 웃으면서 내게 말했다.

"진정하세요. 이건 풍습이에요. 결혼할 때 저렇게 발버둥 치지 않으면 나중에 웃음거리가 돼요. 저렇게 목숨을 다해 때려야 훌륭한 여자예요."

"저럴 바엔 결혼하지 않는 게 낫겠네."

나는 한숨이 나왔다.

"조금 있으면 신방에 들어가서 또 울부짖어야 해요. 기다려 보세요. 굉장히 재미있어요."

사실 나도 흥미롭긴 했다. 그렇지만 이런 결혼 방식을 좋아할 수는 없었다.

쿠카의 집으로 다시 돌아왔을 때는 새벽 5시가 다 되어 있었다. 한디는 이미 밖으로 피했고 쿠카의 엄마와 동생들, 친구들은 그때까지 자지 않고 기다리고 있었다. 우리는 아부디의 친구들과 함께 거실에 앉아 차와 낙타 고기를 먹었다. 쿠카는 이미 작은 방으로 보내져 혼자 앉아 있었다.

음식을 좀 먹고 나니 또다시 북소리가 울렸다. 남자 손님들은 또 손뼉을 치면서 흥얼거리기 시작했다. 나는 한잠도 못 잔 터라 몹시 피곤했지만 자리를 뜰 수가 없었다.

"싼마오, 당신 먼저 가서 자. 내가 보고 얘기해 줄게."

호세가 말했지만 클라이맥스를 못 보고 돌아갈 수는 없었다.

손뼉 치고 노래하며 떠들썩해 있는 동안 날이 밝아 왔다. 아부디가 일어나는 모습이 보였다. 그러자 기다렸다는 듯이 북소리가 멎었고 사람들의 시선은 모두 아부디에게 쏠렸다. 친구들이 새신랑에게 시시한 농지거리를 던졌다.

아부디가 쿠카의 방으로 들어갈 때 나는 몹시 긴장했다. 마음이 왠지 모르게 불편했다. 쿠카의 오빠가 한 말이 생각났다.

"신방에 들어가서 또 울부짖어야 해요."

나를 비롯해 밖에서 기다리는 사람들이 모두 염치없다는 생각이 들었다. 풍습을 핑계 삼아 아무도 달라지려고 하지 않는 것이다.

아부디가 발을 걷고 들어간 지 한참이 지났다. 나는 꾸벅꾸벅 졸면서 거실에 앉아 있었다. 시간이 얼마나 흘렀는지 알 수 없는 가운데, 갑자기 쿠카의 외마디 비명이 들려왔다. 우는 듯한 그 비명 뒤로는 아무런 기척도 없었다. 아무리 풍습에 따라 신부가 울부짖어야 한다지만 그 소리는 너무나 고통스러웠고 너무나 절절했다. 아무도 도울 수 없는 먼 곳에서 나는 소리 같았다. 나는 가만히 앉아 있었지만 눈가가 축축하게 젖어 들었다.

"생각해 봐, 쿠카는 겨우 열 살짜리 어린애야. 너무 잔인해!"

나는 노기등등해서 호세에게 말했다. 호세는 고개를 쳐들고 천장만 올려다볼 뿐 아무 대답도 하지 않았다. 그날 타지 사람은 우리 둘뿐이었다.

아부디가 핏자국이 묻은 하얀 천을 들고 나오자 그의 친구들이 소리를 지르기 시작했다. 그 소리는 뭐라 형용할 수 없이 야릇하게 느껴졌다. 그들의 생각에 결혼 첫날밤은 그저 공공연한 폭력을 써서 어린 소녀의 정조를 빼앗는 것이었다.

이렇게 끝나는 결혼식이라니, 어이가 없고 실망스러웠다. 나는 벌떡 일어나 간다는 말도 없이 성큼성큼 나와 버렸다.

결혼 잔치는 엿새 동안 계속되었다. 매일 오후 5시에 손님들이 한디네 집에 모여 차를 마시고 밥을 먹었다. 또 밤중까지 노래를 부르고 북을 쳤다. 날마다 똑같은 일이 되풀이되어 나는 더 이상 한디네 집에 가지 않았다.

그런데 닷새째 되는 날에 쿠카 여동생이 나를 부르러 왔다.

"쿠카가 찾아요. 왜 오지 않냐고요."

나는 할 수 없이 옷을 갈아입고 쿠카를 만나러 갔다.

잔치가 벌어지는 엿새 동안 쿠카는 관습대로 작은 방에 격리되어 있었다. 손님들은 쿠카를 만나러 올 수 없고 오직 신랑만이 드나들 수 있었다. 나는 타지 사람이었으므로 무작정 발을 걷고 안으로 들어갔다.

방 안은 어두컴컴하고 공기가 매우 탁했다. 쿠카는 모서리에 기댄 채 담요 위에 앉아 있었다. 나를 보자 몹시 기뻐하며 엉금엉금 기어 와서는 내 뺨에 얼굴을 비볐다.

"싼마오, 가지 말아요."

"안 가. 먹을 것 좀 갖다줄게."

나는 부엌으로 뛰어가서 커다란 고깃덩어리를 가져다가 쿠카에게 먹였다.

"싼마오, 나 이제 금방 아기를 갖게 돼요?"

쿠카가 조심스레 물었다.

어떻게 대답해야 할지 난감했다. 쿠카의 통통하던 볼은 닷새 사이에 쑥 빠져 버리고 눈도 퀭하니 꺼져 있었다. 나는 마음이 철렁해서 멍하니 쿠카를 바라보았다.

"약 좀 주면 안 돼요? 먹으면 아기가 안 생기는 약 있잖아요."

쿠카는 낮은 소리로 다급하게 부탁했다. 나는 열 살 소녀의 얼굴에서 눈을 돌릴 수가 없었다.

"그래, 줄게. 걱정하지 마. 이건 우리 둘만의 비밀이야."

나는 살며시 쿠카의 손등을 어루만졌다.

"이제 좀 자도 돼. 결혼식은 다 끝났어."

죽음의 부적

　이슬람교의 라마단이 곧 끝난다. 나는 요 며칠간 밤마다 옥상에 올라가 달을 구경했다. 첫 번째 보름달이 뜨는 날 단식이 끝나고 명절이 시작된다고 들었기 때문이다.

　이웃 사람들은 양과 낙타를 잡아 명절을 준비했다. 나도 이곳 여자들이 쓰는 '헤나'라는 염료로 손바닥에 불그레한 빛깔의 아름다운 무늬를 그려 넣었다. 이곳 여자들은 명절을 쉴 때 반드시 헤나로 치장했고 나는 그런 풍습을 따르는 걸 좋아해서 그들과 똑같이 꾸몄다.

　토요일이었다. 이번 주말에는 사막을 여행할 계획이 없어서 호세와 나는 밤새도록 책을 읽었다.

　다음 날 우리는 한낮에 일어나 시내로 가서 아침 비행기가 실어 온 묵은 스페인 신문을 사 왔다. 간단하게 점심을 먹고 설거지를 하고 나서 거실로 나왔다. 호세는 향수에 젖어 열심히 신문을 들여다봤고 나는 바닥에 누워 음악을 들었다. 잠을 충분히 자서 그런지 마음이 무척 편안했다. 저녁에는 시내에 나가 찰리 채플린의 무성 영화 『라임라이트』를 볼 계획이었다.

햇살도 바람도 모두 기분 좋은 날이었다. 모래 먼지도 날리지 않았다. 작은 방은 아름다운 음악으로 가득 차 있었다. 우리는 모처럼 여유롭고 한가한 일요일을 만끽하고 있었다.

오후 2시쯤, 창밖에서 사하라위 아이들이 "싼마오, 싼마오" 하고 내 이름을 불렀다. 아이들은 고기 토막을 담게 큼직한 자루를 몇 개 달라고 했다. 나는 색색 비닐봉지를 나눠 주고 나서 사막을 바라보며 잠시 서 있었다. 맞은편에 새 집들이 들어서면서 아름다운 사막의 풍경이 날마다 한 토막씩 끊겨 나가고 있어 몹시 안타까웠다.

조금 있으니 근처에서 내가 아는 사내아이 둘이 뭣 때문인지 갑자기 싸우기 시작했다. 길가에는 자전거 한 대가 팽개쳐져 있었다. 너무 열심히 싸우는 것 같아서 나는 자전거를 집어 타고 아이들 주위를 한 바퀴 돌았다. 싸움이 점점 격렬해지자 나는 싸움을 말리려고 자전거를 세웠다.

자전거에서 내리면서 삼베 줄로 엮은 목걸이가 땅에 떨어져 있는 걸 발견했다. 사막 사람이면 남녀노소를 가리지 않고 목에 걸고 다니는 목걸이였다. 나는 무심코 그것을 주워 들고 아이들에게 내밀어 보이며 물었다.

"이거 너희가 떨어뜨린 거니?"

두 아이는 내 손에 들린 목걸이를 보더니 싸우는 것도 잊은 채 주춤주춤 물러났다.

"내 거 아니에요, 내 거 아니에요!"

아이들은 잔뜩 겁에 질린 얼굴로 입을 모아 소리쳤다. 목걸이는 건드리려고도 하지 않았다.

나는 뭔가 미심쩍었지만 아이들에게 말했다.

"그래, 그럼 우리 집 문 앞에 놔둘게. 만약 누가 이걸 찾거든 여기 있다고 알려 주렴."

나는 다시 안으로 들어가 음악을 들었다.

오후 4시가 지나자 나는 문을 열고 밖을 내다보았다. 거리는 인적 없이 텅 비어 있었다. 그 목걸이는 아직도 그대로 있었다. 나는 목걸이를 집어 들고 자세히 들여다보았다. 천으로 만든 작은 주머니와 하트 모양 씨앗, 납작한 쇳조각을 엮어 만든 것이었다.

나는 전부터 그런 쇳조각을 갖고 싶었지만 라윤 시내에는 파는 데가 없었다. 주머니와 씨앗은 처음 보는 것이었다. 이렇게 지저분한 걸 보니 값나가는 물건도 아닌 듯하고 누가 떨어뜨렸다 해도 찾으려 들지 않을 것 같았다. 잠깐 주저하다가, 그냥 내가 가지려고 집으로 갖고 들어왔다.

나는 기쁜 표정으로 호세에게 목걸이를 보여 주었다.

"되게 더럽네. 누가 버린 걸 왜 또 주워 왔어?"

호세는 이내 신문으로 눈을 돌렸다.

나는 부엌으로 달려가 가위로 목걸이 줄을 잘랐다. 작은 주머니와 씨앗에서는 괴상한 냄새가 나서 쓰레기통에 던져 버렸다. 불그스름하고 반들반들한 쇳조각은 꼭 말린 두부 조각 같았다. 가장자리에 하얀 금속이 예쁘게 둘러져 있어 다른 사람들이 걸고 다니는 것과는 달랐다. 나는 그 쇳조각이 무척 마음에 들어 세제로 말끔히 닦아내고 굵은 철사를 꿰어 목에 걸어 보았다. 아주 세련되고 멋져 보였다.

다시 호세에게 뛰어가 보여 주자 호세가 말했다.

"오호, 멋진데. 목 파인 검은 블라우스에 잘 어울리겠네. 걸고 다녀!"

나는 쇳조각을 목에 건 채 다시 음악을 듣기 시작했다. 목걸이 일은 이내 까맣게 잊어버렸다.

카세트테이프 몇 개를 들었는데 왠지 졸음이 쏟아지더니 기분이 야릇해졌다. 잠에서 깬 지 몇 시간 되지도 않았는데 왜 이렇게 온몸이 나른하지? 너무 졸려서 그대로 누워 카세트를 가슴에 올려놓았다. 이렇게 하면 테이프를 갈아 끼우기가 한결 편했다. 그때 내 목에 걸려 있던 쇳조각이 카세트를 살짝 건드렸다.

카세트가 갑자기 미친 듯이 돌아가기 시작했다. 몇 번 쓰지도 않은 물건인데 분노한 것처럼 음악의 속도와 박자 모두 제멋대로였다.

호세가 달려와 카세트를 열었다 닫았다 하면서 이리저리 살펴보더니 이상하다는 듯 혼잣말을 했다.

"계속 잘 돌아갔는데…… 먼지가 너무 많이 꼈나?"

그래서 우리는 카세트를 바닥에 내려놓고 엎드려 다시 작동시켜 봤다. 그랬더니 더더욱 난리가 나서 테이프가 몽땅 씹혀 버렸다. 우리는 머리핀으로 엉망이 되어 버린 테이프를 조심스레 꺼냈다. 호세는 카세트를 수리하려고 공구를 가지러 갔다.

그 사이 나는 손바닥으로 카세트를 탁탁 때렸다. 가전제품이 고장 났을 때 즐겨 쓰는 방법이었다. 몇 대 쳐주면 금방 멀쩡해져서 수리할 필요가 없어지곤 했다.

다시 카세트를 한 대 치는데 갑자기 코가 간지럽더니 재채기가 튀어나왔다.

나는 심한 알레르기 비염을 앓은 적이 있어서 늘 재채기를 하고 툭하면 코에 염증이 생겼는데, 스페인에서 잘 치료받고 와서 한동안 재발하지 않고 있었다. 또 재채기가 시작되자 나는 "에이, 또 왔네!" 하고 중얼거리면서 휴지를 가지러 가려고 일어났다. 경험상 이럴 땐 곧바로 맑은 콧물이 흘렀기 때문이다.

욕실을 향해 서너 발짝을 떼는 동안 연달아 재채기가 터져 나왔다. 오른쪽 눈도 왠지 불편해서 거울을 보니 눈언저리가 벌게져 있었다. 하지만 눈을 자세히 살펴보기도 전에 콧물이 줄줄 흐르기 시작했다.

연거푸 스무 번쯤 재채기가 나왔다. 아무래도 정상이 아닌 것 같았다. 이렇게 끊이지 않고 재채기를 한 적은 드물었지만 나는 크게 신경 쓰지 않고 부엌으로 가서 알약 하나를 삼켰다. 그런데 10초도 안 되어 다시 하늘과 땅을 뒤흔드는 듯한 재채기가 연거푸 터져 나왔다.

옆에 서 있던 호세가 도무지 이해할 수 없다는 듯 말했다.

"그때 의사가 완전히 고친 게 아닌가 봐?"

나는 고개를 끄덕이고 또 코를 막고 재채기를 했다. 말도 제대로 할 수가 없었다. 이게 웬 날벼락인가.

백여 번 재채기를 하는 동안 얼굴은 눈물 콧물 범벅이 되어 버렸다. 몇 분 있다 간신히 재채기가 멎자 나는 재빨리 창가로 달려가 신선한 공기를 마셨다. 호세가 부엌에서 찻잎을 몇 조각 띄운 뜨거운 물 한 잔을 가져와 건네주었다.

나는 의자에 기대앉아 차를 몇 모금 마셨다. 콧물을 닦는데 오른쪽 눈의 벌게진 부위에서 열이 나기 시작했다. 다시 달려가 거울을 보니 눈두덩이 잔뜩 부어 있었다. 20분도 안 되어 이렇게 빨리 부어오르다니 정말 이상했다. 그러나 재채기를 멈추는 일이 급선무라 눈에 신경 쓸 겨를이 없었다.

재채기는 우연히 수십 초간 멈췄을 뿐 이내 다시 시작되었다. 나는 휴지통을 끌어안고 계속 흐르는 콧물을 닦았다. 그런데 마치 태풍과도 같은 어마어마한 재채기가 터져 나오더니 급기야 코피까지 뿜었다. 나는 호세를 돌아보며 소리쳤다.

"이런, 코피 나!"

그런데 눈앞에서 갑자기 호세가 흔들흔들거리기 시작했다. 곧이어 영화의 한 장면처럼 사방의 벽이 옆으로 기울어지고 천장까지 빙글빙글 돌았다. 나는 호세에게 달려들어 꽉 붙들고 소리쳤다.

"지진 났어? 왜 이리 어지러워……."

"지진 아냐, 얼른 누워!"

호세가 나를 부둥켜안았다.

그때는 두려운 느낌은 전혀 없었다. 단지 난데없이 내가 왜

이 모양이 됐는지 영문을 알 수가 없었을 뿐이다.

호세가 나를 부축해 침실로 데려갔다. 눈앞의 세상이 빙글빙글 돌았다. 침대에 누워 눈을 감아도 거꾸로 서 있는 것처럼 어지러웠다. 몇 분이 지나자 뱃속이 불편해졌다. 나는 간신히 화장실로 기어가 웩웩거리며 토하기 시작했다.

원래 자주 토하기는 했지만 이렇게 심하게 한 적은 없었다. 이번에는 위장만 뒤집히는 것이 아니라 내장이 싹 다 뒤집어지는 것처럼 미칠 듯 괴로웠다. 점심 먹은 걸 다 토하고 더 토할 게 없자 멀건 물이 나오기 시작했다. 멀건 물을 다 토하고 나니 이번에는 노란색 쓴물이 쏟아져 나왔다. 쓴물마저 다 토하고 더 토할 게 없는데도 계속 큰 소리로 헛구역질을 했다.

호세는 등 뒤에서 나를 힘껏 안고 있었다. 재채기에 코피에 구토까지, 나는 완전히 탈진해서 바닥에 주저앉았다. 호세는 나를 다시 침대에 눕히고 수건으로 얼굴을 닦아 주면서 초조하게 물었다.

"뭐 잘못 먹었나? 식중독 아냐?"

나는 기운 없는 목소리로 대답했다.

"설사는 안 했잖아. 잘못 먹은 것도 없는데."

눈을 감고 누워서 좀 쉬고 있으니 희한하게도 이런 증상이 다 사라졌다. 몸속으로 파도가 한바탕 밀려들었다 빠져나가는 기분이었다. 온몸의 기운이 쭉 빠지면서 식은땀이 흘렀다. 그러나 이젠 방이 빙글빙글 돌지도 않고 재채기도 나지 않았다. 위통도 싹 사라졌다.

"차 마실래."

호세가 얼른 뛰어가 차를 가져다줬다. 차를 좀 마시고 몇 분 누워 있으니 몸이 완전히 좋아진 것 같았다. 나는 일어나 앉아 휘둥그레진 눈으로 멍하니 벽에 기대어 있었다.

호세는 내 맥박을 짚어 보고 배를 힘껏 누르며 물었다.

"아파, 안 아파?"

"안 아파. 괜찮아졌어. 정말 이상하네."

나는 침대에서 내려가려고 했다. 호세는 내가 정말 괜찮아진 것을 보고 어리둥절해 있다가 나를 말렸다.

"좀 더 누워 있어. 뜨거운 물주머니 가져올게."

"필요 없어. 진짜 괜찮아."

그런데 호세가 갑자기 내 얼굴을 붙잡고 들여다보았다.

"어, 당신 눈이 언제 이렇게 부었지?"

손으로 만져 보니 오른쪽 눈이 잔뜩 부어 있었다.

"가서 거울 좀 볼래."

침대에서 내려와 몇 발짝 걷는데 갑자기 위장이 채찍으로 한 대 짝 얻어맞는 느낌이었다. 나는 악 소리를 지르며 꿇어앉았다. 빌어먹을 위가 경련을 일으키기 시작했다. 나는 서둘러 침대로 돌아왔다. 통증이 번개처럼 덮쳐 왔다. 위장 속에서 누가 마구 꼬집고 물어뜯는 것 같았다. 몸을 웅크린 채 고통에 맞서 보려 했지만 끙끙 신음이 흘러나왔다. 참고 참아 보아도 고통은 점점 심해졌다. 나는 침대 위에서 떼굴떼굴 구르기 시작했다. 입에서는 날카로운 비명이 터져 나왔고, 고통 다음에는 눈앞이 캄캄해졌다. 오로지 야수처럼 울부짖는 내 목소리만 들릴 뿐이었다.

호세가 손을 뻗어 내 배를 문지르려 했지만 나는 힘껏 밀치며 소리쳤다.

"건드리지 마!"

앉았다 엎드렸다 해보아도 지독한 경련성 통증은 멈추지 않았다. 목이 쉬도록 고함을 지른 탓에 가슴속까지 아파 왔다. 숨을 쉴 때마다 허파도 경련을 일으켰다. 나는 너덜너덜해진 헝겊 인형 같았다. 눈에 보이지 않는 어떤 무시무시한 존재가 내 온몸을 갈기갈기 찢어 버리는 듯했다. 눈앞은 칠흑처럼 새카맸다. 아무것도 보이지 않았다. 정신은 말짱했지만 내 몸은 지독한 고통의 노예가 되어 있었다. 나는 베개를 물어뜯고 침대보를 쥐어뜯기 시작했다. 온몸이 땀으로 흠뻑 젖었다.

호세는 침대 옆에 무릎을 꿇고 앉았다. 그리고 애가 탄 나머지 울 듯한 표정으로 어릴 때 부모님과 언니가 부르듯 나를 소리쳐 불렀다.

"메이메이! 메이메이! 메이메이……."

그 소리에 다시 멍해지면서 사방이 캄캄해졌다. 귀에서 마치 폭탄이 터지는 듯한 굉음이 울리더니 이어서 우르릉 쾅쾅 천둥 치는 소리가 들렸다. 극심한 고통은 한순간도 나를 놓아주지 않았다. 중국어로 날카롭게 외치는 내 목소리가 들렸다.

"엄마! 아빠! 나 죽을 것 같아! 너무 아파……."

도대체 어떻게 된 건지 아무 생각도 할 수가 없었다. 입에서는 계속 날카로운 비명이 터져 나왔고, 누군가 내장을 비틀고 끊어 버리는 것처럼 미칠 듯 괴로웠다.

호세가 나를 안고 밖으로 뛰쳐나갔다. 나를 문가에 기대 놓더니 달려가 차를 갖고 와서 차에 태웠다. 나는 집 밖으로 나온 걸 알고 터져 나오는 비명을 참으려고 입술을 깨물었다. 차 안으로 강렬한 햇빛이 쏟아졌다. 두 눈을 감았다. 빛이 몹시 두렵게 느껴졌다. 나는 손으로 눈을 가리고 호세에게 말했다.

"햇빛, 햇빛이 싫어! 빨리 가려 줘!"

호세는 내 말을 못 알아들은 모양이었다. 나는 다시 날카롭게 소리쳤다.

"호세, 햇빛이 너무 강해!"

죽음의 부적

그제야 호세는 뒷좌석에 있던 수건을 집어 건네주었다. 나는 알 수 없는 두려움에 떨면서 수건을 뒤집어쓰고 무릎에 고개를 파묻었다.

일요일이라 사막의 병원에는 의사가 없었다. 호세는 의사를 찾지 못하자 입을 꾹 다물고 곧장 사막 군단 막사로 차를 돌렸다.

막사에 다다르자 위생병이 내 꼴을 보고는 급히 호세와 함께 나를 부축해 의무실로 데려갔다. 위생병은 곧바로 사람을 불러 군의관을 데려오라 했다.

나는 병실 침대에 누워 있었다. 서서히 몸이 나아지는 것 같았다. 귀가 울리지도 않고 눈앞도 캄캄하지 않고 위의 통증도 사라졌다. 20분쯤 지나자 군의관이 성큼성큼 병실에 들어왔다. 그때 나는 이미 일어나 앉아 있었다. 기운이 좀 없을 뿐 다른 곳은 모두 멀쩡했다.

호세는 천지를 뒤흔들듯 어마어마했던 내 증상을 군의관에게 설명했다. 군의관은 내 심장 박동을 들어 보고 맥박을 짚어 보고 혓바닥을 살펴보고 배를 두드려 보았다. 아무 데도 아프지 않았고 단지 심장 박동만 조금 빨랐다. 군의관은 몹시 이상하다는 듯이 한숨을 쉬고 호세에게 말했다.

"부인은 아주 건강하세요. 아무 이상 없어 보입니다."

호세는 기가 팍 죽어 마치 군의관을 속인 것처럼 미안해하며 말했다.

"저 사람 눈 좀 보세요."

군의관이 내 눈을 뒤집어 살펴보았다.

"곪았네요. 염증이 생긴 지 며칠 됐나 봐요?"

우리는 아니라고, 한 시간 만에 이렇게 됐다고 기를 쓰며 설명했다. 군의관은 다시 한번 내 눈을 보고는 소염 주사를 한 대 놓아 주었다. 그는 다시 내 상태를 살펴보더니 우리가 농담하는 것 같지는 않았는지 이렇게 말했다.

"식중독일 수도 있습니다."

"아니에요. 설사를 안 했어요."

내 대답에 군의관이 또 말했다.

"음식을 잘못 먹어서 알레르기 반응이 일어났을 수도 있습니다."

"피부는 멀쩡한데요. 알레르기도 아니에요."

군의관은 참을성 있게 나를 바라보며 말했다.

"그러면 좀 더 누워 계세요. 다시 토하거나 많이 아프면 곧바로 저를 부르시고요."

군의관은 말을 마치고 병실을 나갔다.

이상한 일이었다. 한 시간 전만 해도 귀신이라도 붙은 듯 죽도록 아프더니, 병원에 오니까 증상이 말끔히 사라져 버린 것이다.

30분 뒤, 위생병과 호세가 나를 부축해 차에 태웠다. 위생병이 매우 부드럽고 친절하게 말했다.

"또 아프거든 곧바로 오세요."

차에 오르니 무척 피곤했다. 호세가 말했다.

"나한테 기대."

나는 호세의 어깨에 기대고 눈을 감았다. 목에 걸린 쇳조각이 호세 다리에 비스듬히 드리워졌다.

사막 부대에서 집으로 돌아오는 길에는 가파른 내리막길이 있었다. 호세는 천천히 내리막길을 내려갔다. 몇 미터 못 가서 차가 이상하게 가벼운 느낌이 들었다. 가속 페달을 밟지도 않았는데 누가 뒤에서 미는 양 쏜살같이 미끄러지는 것이었다. 호세가 있는 힘껏 브레이크를 밟았으나 말을 듣지 않았다. 호세는 사이드 브레이크를 당기고 기어를 바꾸며 긴장된 목소리로 외쳤다.

"싼마오, 꼭 잡아!"

차는 제 속력을 잃고 나는 듯이 돌진했다. 호세는 다시 브레이크를 밟았지만 제대로 밟히질 않았다. 그렇게 심한 급경사도 아니고 상식적으로 보아도 도저히 그렇게 빠른 속도로 내려올 수가 없었건만 우리는 마치 공중에 붕 뜬 것처럼 미끄러져 내려갔다. 호세가 다시 소리쳤다.

"꽉 잡아. 겁내지 말고!"

앞에 있는 도로가 무섭게 날아드는 것을 보고 내 눈이 휘둥그레졌다. 소리를 지르려 했으나 목이 졸린 것처럼 아무 소리도 낼 수 없었다. 정면에서 10륜 군용 트럭이 다가오고 있었다. 눈앞에서 트럭에 부딪히려는 순간, 나는 으악! 비명을 질렀다. 호세가 사력을 다해 운전대를 꺾었다. 우리 차는 길옆으로 튕겨 나가 또 한참을 미끄러졌다. 호세는 앞쪽에 모래 더미가 있는 것을 보고 그리로 차를 몰아 박아 버렸다.

차는 그제야 멈추었다. 우리는 모래 속에 처박혀 있었다. 놀란 나머지 손발이 얼어붙은 것처럼 꼼짝할 수가 없었다.

맞은편 트럭에 타고 있던 군인들이 우르르 달려왔다.

"괜찮아요? 안 다쳤어요?"

우리는 고개만 끄덕일 뿐 대답도 할 수 없었다.

군인들이 삽을 가져와 모래를 치우는 동안 우리는 차 안에 축 늘어져 있었다. 최면에 걸린 기분이었다.

조금 지나자 호세가 간신히 군인들에게 한 마디 했다.

"브레이크."

운전병은 호세를 내리게 하고 우리 차에 올라 차를 시험해 보았다. 그런데 시동을 걸고 브레이크를 시험해 보니 아무 이상 없이 작동되는 것이었다. 호세는 믿을 수 없어 하며 차에 올랐다. 모두 정상이었다. 방금 전에 발생한 몇 초간의 사건은 악몽이었단 말인가, 이렇게 흔적도 없이 사라지다니. 우리는 말문이 막혀 차만 바라볼 뿐이었다. 눈앞에 벌어진 일을 도저히 믿을 수가 없었다.

어떻게 다시 차를 몰고 온 건지 모르겠지만 아무튼 우리는 천천히 집으로 돌아왔다. 나중에 그 사건을 아무리 돌이켜 봐도 어떻게 된 일인지 분명히 알 수가 없었다. 잠시 최면에 빠졌던 것처럼 기억 속에서 사라지고 말았다.

집에 다다르자 호세가 나를 안아 내리면서 물었다.

"몸은 좀 어때?"

"피곤해 죽겠어. 그래도 아프진 않은데."

나는 상체를 호세에게 기대고 왼손으로는 차 문을 잡고 있었다. 호세에게 기대면서 그 작은 쇳조각이 다시 호세에게 닿았다. 이건 다 나중에야 생각해냈고 당시에는 전혀 주의를 기울이지 않았던 일이었다.

호세는 나를 부축하느라 차 문을 발로 힘껏 닫았다. 순간 나는 엄청난 통증에 눈앞이 캄캄해졌다. 손가락 네 개가 문에 낀 것이다. 호세는 그쪽은 보지도 못한 채 나를 부축해 집에 들어가려고 용을 쓰고 있었다.

"손, 손…… 호세……."

고개를 돌린 호세는 내 손을 보고 기겁해서 소리를 질렀다. 급히 차 문을 열어 손을 빼보니 검지와 중지가 납작하게 짓눌려 있었다. 이내 따뜻한 피가 솟구치면서 천천히 손을 적셨다.

"맙소사, 왜 이렇게 되는 일이 없지?"

호세의 목소리가 떨렸다. 호세는 내 손을 잡은 채 그 자리에 서서 부들부들 떨고 있었다.

나는 몸속의 마지막 기운까지 몽땅 써버린 것만 같았다. 손 때문은 아니었다. 그저 너무나 기운이 없어 얼른 잠들고 싶을 뿐이었다.

"손은 괜찮아. 나 누울래. 빨리……."

그때 등 뒤에서 이웃집 사하라위 부인이 날 부르는 소리가 희미하게 들려왔다. 그녀가 곧바로 달려와 내 아랫배를 잡았다. 호세는 아직 차 문에 껴 다친 손을 살펴보고 있었다. 그녀가 다급히 호세에게 말했다.

"아이가…… 유산됐나 봐요."

그녀의 목소리는 아주 먼 곳에서 전해져 왔다. 모두들 아득히 멀리 있는 것만 같았다. 나는 고개를 들어 힘없이 호세를 바라보았다. 호세의 얼굴이 물결 위에 드리워진 그림자처럼 일렁거렸다. 호세가 무릎을 꿇고 앉아 나를 안아 올리며 이웃집 부인에게 말했다.

"사람 좀 불러 주세요!"

나는 그 말을 듣고 남은 힘을 다해 몇 마디 쥐어짰다.

"왜 그래? 나한테 무슨 일 있어?"

"괜찮으니 걱정 마. 피가 좀 많이 날 뿐이야."

호세의 부드러운 음성이 들려왔다.

나는 고개를 숙였다. 연적硯滴에서 흘러나오는 물처럼 양다리를 타고 피가 흘러내리고 있었다. 땅바닥이 짙은 피로 새빨갛게 물들고 치마는 이미 흠뻑 젖어 있었다. 피는 멈추지 않고 조용히 흘러나왔다.

"군의관한테 다시 가보자."

호세는 심하게 떨고 있었다.

그때 내 정신은 또렷했다. 그저 바람에 흩날리는 것처럼 몸이 허한 기분이었다. 호세에게 이렇게 말했던 것이 생각난다.

"우리 차는 쓰면 안 돼. 다른 차를 빌려."

호세는 나를 안은 채 문을 발로 차서 열고 집으로 들어가 침대에 눕혔다. 그러자 하체가 어디 부딪쳐 쨍 하고 깨지는 것 같았다. 피는 샘물처럼 끊임없이 솟아나고 있었다.

하지만 나는 고통을 느끼지 못했다. 그저 내가 깃털로 변해서 육신으로부터 떠나가는 느낌이었을 뿐이다.

한디의 아내 커바이가 급히 달려왔다. 바지만 입은 한디도 뒤쪽에 서 있었다. 한디가 호세에게 말했다.

"당황하지 말아요. 유산이에요. 내 아내도 경험이 있어요."

"그럴 리가요. 아내는 임신하지 않았어요."

그러자 한디는 몹시 화를 내며 호세를 책망했다.

"당신은 모를 수도 있어요. 부인이 말하지 않았을 수도 있다고요."

"마음대로 생각해요. 아무튼 당신 차로 병원에 가야겠어요. 아내는 분명 임신하지 않았어요!"

그들이 말다툼하는 소리가 파도처럼 차례차례 밀려들며 쇠사슬이 절그럭거리는 것처럼 귀에서 커다랗게 울렸다. 내 정신은 극도로 쇠약해져 있었다. 삶에도 미련이 없었다. 유일한 희망은 호세와 한디가 입씨름을 멈추고 내가 영원히 쉴 수 있도록 조용히 내버려 두는 것이었다. 그들의 목소리가 내 몸에 죽음보다 더욱 고통스러운 상처를 입히고 있었다.

커바이가 뭐라고 외치는 소리도 들려왔다. 나는 마치 거문고의 가느다란 한 가닥 현이 된 것 같았고, 그 소리들은 활이 되어 내 몸 위를 왔다 갔다 하면서 끼익끼익 긁어대고 있었다. 그 끔찍한 소리에서 벗어나고자 나는 두 손을 들어 귀를 틀어

막으려 했다.

내 손이 어지럽게 뒤엉킨 긴 머리칼에 닿자 커바이가 소스라치게 놀라 소리를 질렀다. 커바이는 곧바로 문가로 물러나더니 나를 가리키며 자기네 말로 한디에게 날카롭게 몇 마디를 했다. 그러자 한디도 몇 발짝 물러나서는 무거운 목소리로 호세에게 물었다.

"부인 목에 걸린 쇳조각, 누가 걸어 줬어요?"

호세가 대꾸했다.

"당장 병원에 가야 돼요. 쇳조각이고 뭐고 나중에 얘기하죠."

그러자 한디는 버럭 고함을 질렀다.

"버려요! 당장 저걸 떼어 버려요!"

호세가 멈칫거리자 한디는 긴장한 목소리로 다시 외쳤다.

"빨리, 빨리 떼어내요! 부인이 죽어 간다고요. 이런 천지신명을 두려워하지 않는 멍청이들 같으니!"

한디에게 떠밀린 호세는 내 목에 걸린 쇳조각을 힘껏 잡아챘다. 줄이 끊어지고 쇳조각만 호세의 손 안에 남았다.

한디는 신발을 벗어 호세의 손을 힘껏 내리쳤다. 쇳조각이 내가 누워 있는 침대 옆으로 굴러 떨어졌다.

커바이가 또 뭐라 뭐라 말하자 한디는 히스테릭하게 호세를 다그쳤다.

"얼른 생각해 봐요. 저 쇳조각이 또 누굴 건드렸어요? 어디에 닿았죠? 빨리요. 시간이 없어요."

호세도 한디 부부의 긴장에 전염되었는지 더듬더듬 말했다.

"나하고 카세트, 다른 건…… 다른 건 없는 것 같은데요."

한디가 다시 물었다.

"잘 좀 생각해 봐요. 빨리요!"

"정말 다른 데는 닿지 않았어요."

한디는 아랍어로 "신이시여, 우리를 지켜 주소서!" 하고 기도하듯 중얼거린 다음 우리에게 말했다.

"별일 없을 거예요. 나가서 이야기합시다."

"아내가 피를 흘리는데……."

호세는 안절부절못하면서 한디를 따라 나갔다.

나는 그들이 복도로 통하는 문을 닫는 소리를 들었다. 모두들 거실로 가버렸다.

그러자 이상하게도 내 정신이 다시 돌아오기 시작했다. 나는 식은땀을 잔뜩 흘리고 있었고 호흡은 느리고 묵직했다. 눈도 무거워 뜰 수가 없었다. 하지만 몸이 붕 뜬 느낌은 사라졌다.

주위는 고요하고 청명하기만 했다. 아무 소리도 들리지 않았다. 나는 편안한 피로감에 휩싸였다.

그리고 이내 꿈속으로 깊이 가라앉기 시작했다.

몇 초 지나지 않아 나는 방 안에 무언가가 있다는 걸 감지했다. 보이지 않는 어떤 힘이 이 작은 방에 퍼지고 있었다. 그것들이 내는 지극히 미세한 소리까지 느낄 수 있었다. 나는 안간힘을 다해 겨우겨우 눈을 떴지만 보이는 것은 천장과 옷장 옆으로 늘어진 커튼뿐이었다. 다시 눈을 감았다. 하지만 내 육감이 내게 알려 주고 있었다. 작은 강줄기인지 한 마리 뱀인지 아니면 다른 어떤 것인지, 알 수 없는 그 무엇이 바닥의 그 쇳조각으로부터 서서히, 끊임없이 피어오르며 방 안을 채우고 있었다. 나는 까닭 모를 추위와 두려움을 느꼈다. 다시 눈을 떠보았지만 뭔지 모를 그것은 보이지 않았다.

이렇게 10여 초가 흘렀다. 어떤 기억이 머릿속에서 불꽃처럼 화르륵 일었다 사라졌다. 나는 공포에 질린 나머지 석상처럼 굳어 버렸다. 이어 미친 듯이 울부짖는 내 목소리가 귓가에 울렸다.

"호세! 호세! 으악! 살려 줘!"

그러나 문은 굳게 닫혀 있었다. 나는 내가 울부짖고 있다고 생각했으나 실은 목이 잠겨 꺽꺽대고 있을 뿐이었다. 나는 다시 소리 없는 비명을 지르고 또 질렀다. 몸을 움직이려 했지만 기운이 하나도 없었다. 그때 침대 옆 탁자 위에 놓인 찻잔이 눈에 들어왔다. 나는 있는 힘을 다해 찻잔을 움켜쥔 다음 그것을 들어 올려 시멘트 바닥에 떨어뜨렸다. 찻잔은 요란한 소리를 내면서 산산조각 났다. 문이 열리는 소리가 들리고 호세가 달려왔다.

나는 호세를 붙잡고 미친 듯이 말했다.

"찻주전자, 찻주전자! 그 쇳조각을 세제로 닦으면서 주전자도 같이 닦아어……."

호세는 잠시 얼떨떨해 있다가 나를 도로 침대에 눕혔다. 이어 한디가 방으로 들어오더니 여기저기 냄새를 맡았고 호세도 뭔가 냄새를 알아차렸다. 두 사람이 동시에 소리쳤다.

"가스!"

호세와 한디는 나를 침대에서 일으켜 집 밖으로 끌어냈다. 그리고 호세는 다시 집으로 뛰어들어 가스통을 잠그고 뛰쳐나왔다.

한디는 건너편으로 뛰어가 돌멩이를 한 움큼 주워 와서는 호세 손에 밀어 넣으며 말했다.

"빨리 이 돌로 그 쇳조각 주위를 에워싸요. 울타리를 만들어요!"

머뭇거리고 있는 호세를 한디가 있는 힘껏 떠밀었다. 호세는 돌멩이를 들고 집 안으로 뛰어 들어갔다.

그날 저녁 우리는 친구 집에서 잤다. 우리 집 창문은 가스가 빠지도록 모두 열어 놓았다. 호세와 나는 멀뚱멀뚱 서로를 바라볼 뿐 아무 말도 할 수 없었다. 두려움이 우리의 의식과 의지를 점령해 버렸다.

이틀 뒤 해 질 무렵이었다. 나는 거실의 긴 의자에 누워 지나가는 차 소리에 가만히 귀를 기울였다. 호세가 빨리 돌아오기만을 기다리고 있었다.

그 일이 있고 나서 이웃들은 물론 아이들까지 우리를 피했다. 창문조차 들여다보지 않았다. 나는 완전히 고립되고 말았다.

호세가 사하라위 동료 세 명을 데리고 집에 들어왔다.

"이건 가장 지독하고 무시무시한 부적이에요. 재수 없게 이런 걸 어디서 주웠어요?"

한 친구가 해주는 설명을 듣고 내가 물었다.

"이슬람교 부적인가요?"

"우리 이슬람교도는 이런 걸 다루지 않아요. 이건 남쪽 모리타니 무당이 사용하는 거예요."

"보니까 사하라위족도 다들 이런 작은 쇳조각을 목에 걸고 다니던데?"

호세가 말했다.

"우리가 하는 것과는 다른 거야. 같은 거라면 벌써 다 죽었게?"

그들은 몹시 화를 냈다.

"어떻게 구별하는데요?"

내가 다시 물었다.

"그 쇳조각 말고도 씨앗과 작은 천 주머니가 있었죠? 쇳조각 주변에는 하얀 금속이 둘러져 있었고요. 나머지 두 개를 버렸기에 망정이지, 안 그랬으면 한 방에 갔을걸요."

"우연의 일치예요. 난 그런 미신은 믿지 않아요."

나는 고집스럽게 말했다.

그러자 사하라위 동료들은 기겁을 하며 입을 모아 소리쳤다.

"그렇게 함부로 말하면 안 돼요!"

"요즘처럼 과학이 발달한 시대에 그런 괴상한 일을 어떻게 믿어요?"

내 말에 세 사람은 몹시 분노한 얼굴로 나를 바라보았다.

"그저께 당신 몸에 일어났던 증상을 하나하나 생각해 봐요. 전에도 다 앓은 적이 있죠?"

곰곰이 생각해 보니 정말 그랬다. 나는 알레르기성 비염이 있었고, 다래끼도 자주 났고, 잘 토했고, 어지럼증과 위경련도 종종 나타났다. 또 격렬한 운동을 하면 조금씩 하혈을 했고, 음식을 만들면서 늘 손을 베곤 했고…….

"맞아요. 큰 병은 아니지만 늘 그런 잔병치레를 했어요."

나는 씁쓸하게 인정했다.

"그 부적은 사람의 신체적 약점을 공격하는 거예요. 그런 잔병들을 악귀로 변하게 해서 목숨을 빼앗으려 했던 거죠."

사하라위 친구가 다시 설명해 주었다.

"찻주전자 물이 넘쳐 불이 꺼지고 가스가 샌 것도 우연이라고 말하게요?"

나는 할 말이 없어 차 문에 끼여 다친 왼손을 들고 가만히 들여다보았다.

이틀 동안 나는 머릿속으로 생각하고 생각하고 또 생각했지만 아무리 해도 답이 나오지 않았다.

나는 가만히 호세에게 말했다.

"곰곰이 생각해 봤는데, 아마…… 아마 내 잠재의식 속에 스스로 생명을 끝내고픈 욕망이 있었나 봐. 그래서 병이 찾아온 것 같아."

그러자 호세는 대경실색했다.

"내 말은…… 내 말은…… 사막 생활에 적응하려고 열심히 노력했지만, 이미 이런 생활 방식과 환경을 견딜 수 없는 한계에 이르렀나 봐."

"싼마오, 당신……."

"사막에 대한 내 열정을 부인하는 건 절대 아냐. 다만 나도 결국 사람이잖아. 그러니까 약해지는 때가……."

"나는 당신이 커피를 타려는지 몰랐어. 나중에 내가 찻물을 가지러 갔을 때도 물이 넘쳐 불이 꺼진 걸 못 봤고. 설마 내 잠재의식 속에 내가 우리를 죽이려는 생각이 있었다고 해석하는 건 아니겠지?"

"심리학을 공부하는 친구랑 한번 얘기해 봐야겠어. 우리가 우리 자신의 심령 세계에 대해 아는 건 거의 없다고."

이런 얘기를 하다 보니 왠지 둘 다 답답하고 울적해졌다. 아마도 사람은 '나 자신'이라는 동물을 아는 것을 가장 두려워하는지도 모르겠다. 나는 한숨을 푹 쉬고 다시는 그 일에 대해 생각하지 않기로 했다.

침대 옆에 떨어져 있던 그 쇳조각은 결국 이슬람교의 이맘* 이 와서 가져갔다. 이맘이 쇳조각을 칼로 힘껏 내리쳐 두 동강 내자 놀랍게도 그 안에서 이상한 도안이 그려진 부적이 나왔

---

* 이슬람 교단의 지도자나 학식이 뛰어난 이슬람 학자.

다. 두 눈으로 그 모습을 직접 보고 있으려니 다시 얼음물 속에 가라앉은 듯한 냉기가 느껴졌다.

악몽은 지나갔다. 내 건강은 조금씩 나아졌다. 친구들은 병원에 가서 종합 검진을 받아 보라고 했지만 나는 이미 내게 일어났던 일들에 대해 답을 얻었다. 의사를 귀찮게 할 필요는 없었다.

오늘은 라마단이 끝나는 날이다. 창밖의 푸르른 하늘은 맑기만 하고 시원하고 상쾌한 살랑바람이 불어온다. 여름은 끝나고, 아름다운 사막의 가을이 시작되고 있다.

영혼을 담는 기계

나는 꽤 괜찮은 사진기를 하나 갖고 있다. 물론 내가 꽤 괜찮다고 하는 것은 사람들이 흔히 쓰는 장난감 같은 조그만 사진기와 비교해서 하는 얘기다.

이 사진기를 메고 다니면 주위 시선이 너무 집중되어 마드리드에 있을 때는 거의 쓰지 않았다.

사막에서 나는 결코 시선을 끄는 사람이 아니었다. 더군다나 이처럼 인구가 적은 땅에서는 다른 사람을 보고 싶으면 햇빛을 손으로 가리고 모래땅 위에 서서 기다리는 수밖에 없다. 저 멀리 지평선 위에 작은 점과 같은 사람 그림자만 나타나도 무척이나 만족스럽다.

사막에 처음 왔을 때 나는 웅대한 포부를 품고 있었다. 이

지극히 황폐한 땅에서 살아가는 유목민의 모습을 내 사진기에 담는 것이었다.

이 이민족의 문화를 향한 나의 열렬한 사랑을 분석해 보자면, 나와 그들 사이에 존재하는 엄청난 차이가 내 마음에 어떤 아름다움과 감동을 만들어내는 것이 아닐까 싶다.

나는 드넓은 사막 깊은 곳까지 여행하며 시간을 보내곤 했다. 이 신비롭고 광활한 대지에 첫발을 들인 것은 결혼하기 전이었다. 나는 가능한 모든 교통수단을 동원해 사막의 여러 가지 모습을 알아 갔다. 무엇보다도 풀 한 포기도 나지 않는 이 사막에서 사람들은 어떻게 삶의 희열과 애증을 느끼는지를 보고 싶었다.

사진을 찍는 것은 나의 사막 생활에서 대단히 중요한 일이었다. 당시 내 주머니 사정으로는 그저 음식과 물을 가지고 모래바람 속을 여행할 수 있을 뿐 차를 빌리는 일은 꿈도 꾸지 못했다. 사실 사진 찍는 일도 돈이 많이 드는 사치스러운 일이었다. 그러나 사진에 투자하는 것이 내게는 얼마나 중요하고 가치 있었는지 모른다.

나의 촬영 기기는 사진기, 삼각대, 망원 렌즈 하나, 광각 렌즈 하나, 필터 몇 개뿐 별다른 것이 없었다. 나는 고광도 필름 몇 통과 보통의 흑백과 컬러 필름을 샀다. 플래시는 잘 쓸 줄 몰라 아예 준비하지 않았다.

사막으로 오기 전, 어쩌다 보니 나는 수백 장의 사진 속에 들어가 있었고 직접 찍다 보면 괜찮은 사진도 한두 장 건지곤 했다. 사막행이 임박하자 마드리드에서 사진에 관한 책을 몇 권 사서 읽어 봤지만, 종이 위의 지식들로는 도통 체험이 되지 않아 그냥 마음을 비우고 북아프리카로 떠났다.

처음으로 차를 타고 진정한 대사막에 들어서자 나는 손에 든 사진기로 눈앞에 펼쳐진 신비롭고 놀라운 풍경들을 모조리 찍고 싶었다.

꿈처럼 환상처럼 혹은 유령처럼 떠 있는 신기루, 여인의 몸처럼 매끄럽고 부드럽게 끝도 없이 펼쳐진 모래 언덕, 눈앞에서 비처럼 쏟아지는 모래 폭풍, 타는 듯한 대지, 하늘 향해 팔 벌리고 울부짖는 선인장, 천년만년 전에 말라붙은 강바닥, 검은 산줄기, 얼어붙은 듯 짙푸른 끝없는 하늘, 자갈이 어지러이 흩어진 황야…… 이 모든 풍경에 나는 정신을 잃을 지경이었다. 두 눈에 미처 다 담을 수가 없었다.

이 대지가 주는 강렬한 감동 속에서 험난한 여로의 고생과 피로 따위는 완전히 잊고 지냈다.

다만 내 능력이 모자란다는 사실이 얼마나 한스러웠는지 모른다. 일찍감치 겸허하게 사진 기술을 배웠더라면 눈으로 본 모든 기이한 풍경과 마음에 일어난 감동을 융합해 멋진 기록을 창조할 수 있었을 텐데, 나의 인생 역정에서 값진 기념으로 길이 남았을 텐데!

비록 사진을 충분히 찍을 만한 돈도 없고 살을 에는 사막 모래바람이 내 사진기를 망가뜨렸지만 나는 능력이 닿는 만큼 열심히 사진을 찍었다. 인생 기록의 습작인 셈 치고 말이다.

나는 사막에 사는 사람들에게 말로 표현할 수 없는 관심과 애정을 품고 있었다. 그들에게 가까이 다가가 그들의 걸음걸이, 밥 먹는 모습, 옷의 빛깔과 무늬, 손짓, 언어, 결혼, 신앙에 이르기까지 세세히 관찰하며 내 끝없는 호기심을 채우는 일이 너무나도 즐거웠다.

사진기로 지구상에서 가장 광대한 사막을 담는다는 일은 내 능력으로 불가능했다. 도저히 내가 기대하는 수준에 이를 수가 없었다. 사막에 숱하게 다녀오고 나서야 비로소 이 사실을 깨달은 나는 주제넘은 원대한 계획을 접고 몇 가지에 중점을 두기로 했다.

"사람을 찍자! 나는 사람이 좋아."

급수차를 따라 여행할 때 호세는 함께 가지 않았다. 나는 믿음직한 사하라위 청년 파신을 소개받아 파신과 그의 조수와 함께 길을 떠났다. 대서양 해변에서 시작해 알제리 부근까지 갔다가 아래쪽으로 돌아 내려오는 2천 킬로미터가 넘는 여정이었다.

유목민의 천막이 모여 있는 지역에 이를 때마다 파신은 트럭을 세우고 기름통 수십 개에 물을 채워 사람들에게 팔았다.

지붕도 없고 바람을 막아 주는 유리도 없는 고물 트럭에 앉아 땡볕을 맞으며 수천 킬로미터를 달리는 일은 내 체력으로는 확실히 커다란 도전이자 고난이었다. 하지만 호세는 나를 가게 놔뒀고 나는 그 믿음에 부응했다. 그리하여 나의 여행길에는 별다른 사고도 없었고 며칠이 지나면 반드시 무사히 라윤으로 돌아왔다.

맨 처음 대사막으로 떠날 때는 배낭과 텐트 말고는 아무것도 가져가지 않았다. 유목민들이 기대하는 물건을 가지고 가지 않았으니 나 역시 어떤 우정도 얻을 수 없었다.

두 번째로 떠날 때는 의술의 중요성을 깨달았기에 작은 약상자를 들고 갔다. 또 아무리 세상 끝이라도 예쁜 것을 좋아하는 여자들과 먹을 것을 좋아하는 아이들이 있다는 사실도 잘 알았다. 그래서 유리구슬이 박힌 예쁜 팔찌와 싸구려 반지와 반짝이는 열쇠를 잔뜩 사고 질긴 낚싯줄, 설탕, 분유, 사탕 따위도 준비했다.

그런 물건들을 가지고 사막으로 떠나면서 물질과 우정을

바꾼다는 생각이 들어 퍽 부끄러웠다. 하지만 스스로에게 물어보니 나는 그들이 조금 더 내게 다가오기를, 그래서 그들을 이해할 수 있기를 바랄 뿐이었다. 나는 그들의 선량한 마음과 우정을 원했다. 내 선물을 받고 기뻐하는 사람들에게 그들을 향한 내 사랑을 알아 달라고, 더 나아가 외계에서 온 이민족 여자를 받아들여 달라고 부탁하고 싶었다.

유목민의 천막은 무리 지어 있다지만 사실은 아주 멀찍이 흩어져 있었다. 낙타와 염소 몇 마리만이 작고 앙상한 나무에 간간이 달려 있는 가련한 잎사귀를 따 먹으며 생명을 이어 가고 있었다.

급수차가 천막 앞에 서면 나는 곧바로 차에서 뛰어내려 천막으로 다가갔다.

사랑스러우면서 또 무척이나 잘 놀라는 사막 사람들은 낯선 내 모습을 보고는 모두 소스라치게 놀라 비명을 지르며 흩어져 버렸다.

사람들이 놀라 우르르 달아나면 파신은 소리를 질러 그들을 양 떼 몰듯 몰아세웠다. 그러면 사람들은 내 앞에 와서 뻣뻣하게 섰다. 남자들은 그래도 곧잘 다가왔지만 여자들과 아이들은 좀처럼 다가오려 하지 않았다.

나는 파신이 강제로 사람들을 불러 모으지 못하게 했다. 그런 식으로 가까워져서는 마음이 편하지 않았다.

"겁내지 마세요. 해치지 않아요. 이리 오세요, 무서워하지 말고."

나는 그들이 스페인어를 하나도 못 알아듣는다는 사실을 알았지만 다정하게 말을 건네면 설사 내 말을 이해하지 못한다 해도 당황하지 않으리라는 것도 잘 알았다.

"이리 와! 구슬이란다. 선물이야."

나는 예쁜 구슬 목걸이를 꼬마의 목에 걸어 주고는 품에 안고 머리를 쓰다듬어 주었다.

그러나 물건을 주는 것은 별 효과가 없었다. 그래서 아픈 곳을 봐주기로 했다.

피부병에는 연고를 발라 주고 두통에는 아스피린을 주었다. 눈병에는 안약을 넣어 주고 너무 야윈 사람에게는 고함량 비타민을 주었다. 무엇보다도 모두에게 비타민 C정을 잔뜩 나눠 줬다.

낯선 곳에 갔을 때 그곳 주민들과 전혀 친해지지도 않았는데 마구 사진을 찍어대는 행동은 무례한 짓 같아서 사진기를 꺼낼 수가 없었다.

한번은 어느 할머니가 머리가 아프다기에 아스피린 두 알을 주고 열쇠 하나를 두건에 장신구 삼아 걸어 주었다. 할머니는 내가 준 아스피린을 삼킨 지 5분도 안 되어 고개를 끄덕이며 두통이 멎었다는 표현을 했다. 그러고는 내 손을 끌고 자기가 사는 천막으로 데려갔다.

할머니는 내게 고마움을 표시하려는 듯 천으로 얼굴을 완전히 가린 여자들을 쉰 목소리로 불러 모았다. 할머니의 며느리와 딸들 같았다.

여인들의 강한 체취가 풍겨 왔다. 이들은 검은 천으로 몸을 감싸고 있었다. 나는 손짓으로 얼굴을 가린 천을 내려 달라고 청했다. 그러자 두 명이 매우 수줍어하면서 담갈색 얼굴을 드러냈다.

커다란 두 눈이 돋보이는 아름다운 얼굴, 아득한 표정, 육감적인 입술…… 두 여인의 얼굴에 완전히 매혹된 나는 참지 못하고 사진기를 꺼내 들었다.

이들은 사진기를 본 적도 없고 중국 사람을 본 적은 더더욱 없었을 것이다. 그래서인지 그들은 이 두 가지 신기한 물건에 홀려 꼼짝도 않은 채 멍하니 나를 보고만 있었다. 내가 사진을 찍어도 가만히 있었다.

그때 마침 그 집 남자 한 사람이 들어왔다. 그는 내가 사진을 찍는 모습을 보자 괴성을 지르며 달려들었다.

그 남자는 고래고래 소리치며 펄펄 뛰었다. 걷어찰 듯 할머니에게 덤벼들고 젊은 여자들에게는 마구 욕을 해댔다. 놀란 여자들은 움츠러들어 울기 시작했다.

"당신, 당신이 이 여자들 영혼을 가져갔어. 이제 금방 죽는 거야."

남자가 스페인어로 더듬더듬 말했다.

"뭐라고요?"

이 말에 나는 얼굴이 하얗게 질렸다. 정말 억울한 누명이었다.

"당신, 병도 고치고 영혼도 잡을 수 있잖아. 저 속에 몽땅 잡아넣었지?"

그는 사진기를 가리키며 성난 목소리로 외쳤다. 그러고는 나를 때릴 듯이 다가왔다.

참으로 난처한 상황이었다. 나는 사진기를 부둥켜안고 밖으로 뛰쳐나왔다. 그리고 트럭에 뛰어오르며 큰 소리로 나의 보호자 파신을 불렀다.

물을 나누어 주던 파신은 이 광경을 보자 곧바로 나를 쫓아오는 사람들을 막아섰다. 그러나 사람들은 여전히 흥분한 상태로 우리를 둘러쌌다.

아무래도 물을 주지 않겠다고 하거나 사막 군단을 부르겠다거나 아니면 더 위력이 강한 미신을 이용해 그들을 위협해

야만 나와 내 사진기가 무사히 떠날 수 있을 것 같았다. 그러나 거꾸로 생각해 보면 이 사람들은 지금 '영혼을 잃어버렸다'고 생각하고 있지 않은가? 당연히 나에게 빼앗긴 영혼을 되찾을 권리가 있지 않은가?

만약 내가 몰래 찍은 사진을 갖고 이대로 차를 타고 가버린다면 이 여인들의 마음속에 얼마나 큰 상처가 남을까? 이제 곧 죽을 줄 알고 저렇게 슬피 울고 있는데……

"파신, 싸우지 말아요. 저 여자들에게 말해 줘요. 영혼은 분명 이 상자 안에 있다고요. 지금 꺼내 돌려줄 테니 겁내지 말라고 좀 말해 줘요."

"싼마오, 저 여자들이 터무니없는 소란을 피우는 거예요. 어쩌면 저렇게 무식한지. 그렇게 생각해 줄 것 없어요."

파신의 태도는 거만하기 짝이 없었다. 내가 봐도 반감이 치밀었다.

"저리 가! 꺼지라고!"

파신이 또다시 팔을 휘두르자 사람들은 어쩔 수 없이 조금씩 흩어졌다. 나에게 혼을 빼앗겼다고 생각하는 여인들은 트럭이 떠나려 하자 얼굴이 하얗게 질리며 털썩 무릎을 꿇었다.

나는 파신의 팔을 치며 출발하지 못하게 했다. 그리고 여자들에게 말했다.

"영혼을 풀어 줄게요. 걱정하지 말아요."

나는 사람들 앞에서 사진기를 열고 마술을 하는 것처럼 필름을 꺼냈다. 그리고 차에서 뛰어내려 필름을 그들이 잘 볼 수 있게 내밀었다. 햇빛을 받은 필름이 하나씩 하나씩 하얗게 변하며 그 속에 담긴 사람의 모습도 사라졌다. 그들은 그제야 한숨을 내쉬며 안도했다. 시동을 걸기도 전에 그들의 얼굴에는 미소가 가득 번졌다.

파신과 나도 웃을 수 있었다. 나는 사진기에 새 필름을 넣으며 긴 한숨을 내쉬었다. 그리고 내 옆자리에 탄 사하라위 할아버지 두 명을 돌아보았다.

"전에도 이상한 물건을 하나 봤어. 그걸로 사람을 비추면 분명히 혼이 찍혔어. 당신이 가진 그 상자보다 훨씬 무시무시했어!"

한 노인이 말했다.

"파신, 뭐라고 하시는 거예요?"

나는 세찬 바람을 피해 파신의 등 뒤에 바짝 붙으며 물었.

파신이 통역해 주자 나는 아무 말 없이 배낭에서 작은 거울을 꺼내 그 노인 얼굴 앞에 살며시 내밀었다. 두 노인은 거울을 보자 차가 뒤집힐 듯 으악! 소리를 지르더니 죽을힘을 다해 파신의 등을 때리며 차를 세우라고 했다. 차가 급히 멈추자

두 노인은 구르듯 뛰어내렸다. 노인들이 그렇게 놀라는 걸 보고 나 역시 깜짝 놀랐다. 파신의 급수차를 살펴보니 과연 백미러도 사이드미러도 없었다.

물질문명이 인류에게 꼭 필요한 것은 결코 아니지만, 지구상에서 함께 살아가는 사람들 가운데 뜻밖에도 아직 거울을 보지 못한 사람들이 있다는 사실에 나는 정말 놀랐다. 그리고 까닭 모를 연민이 이어졌다. 이러한 무지는 환경적 한계 때문일까, 아니면 어떤 인위적 요소가 있을까? 나는 오랫동안 답을 찾지 못하고 있다.

다음번에 사막에 갈 때는 중간 크기 거울 하나를 가지고 갔다. 차에서 내려 그 반짝이는 물건을 돌에 기대 놓자 사람들은 모두 그 무시무시한 물건에만 주의를 기울일 뿐 내 사진기에는 무관심했다. 이제 정말 혼을 빼는 무서운 물건은 거울이 되었다.

사진을 찍겠다고 생각해낸 이 혹세무민의 꾀는 결코 고상한 행동이 아니었다. 그래서 나는 거울 앞에 꿇어앉아 머리를 빗고 얼굴을 매만지며 거울에 비친 모습을 들여다보고는 아무 일 없다는 듯 자리를 뜨곤 했다. 내가 거울을 조금도 두려워하지 않는 걸 보고 아이들이 조금씩 거울 앞으로 다가왔다. 잽싸게 거울을 훔쳐본 아이들은 아무 일도 일어나지 않는다는 사실을 알고는 한 번 더, 또 한 번 더 거울을 스쳐 지나갔다. 마침내 사막 사람들이 거울 주위에 가득 모여 재잘재잘 떠들어댔다. 영혼을 빼앗는 일은 이렇게 사라졌다.

 결혼하자 나는 호세 재산의 일부가 되었고 내 사진기까지 그 인간의 수중에 들어갔다.

 신혼여행으로 사막을 횡단할 때도 내 주인이라는 인간은 한 번도 나에게 내 보물을 만져 볼 기회를 주지 않았다. 이제 사막에서 영혼을 담는 사람은 호세였다. 그리고 그가 붙들어 오는 혼은 모두 아름다운 사막의 여인들이었다.

 그날도 우리는 지프를 빌려 대서양 연안의 사막을 따라 달렸다. 우리가 살고 있는 작은 도시에서 1천 킬로미터나 떨어진 곳까지 갔다.

 사막에는 여러 가지 빛깔이 있다. 검은 사막, 하얀 사막, 노란 사막, 붉은 사막…… 나는 웅장한 검은 사막이 특히 마음에 들었다. 호세는 하얀 사막을 좋아했는데 꼭 뜨거운 태양 아래 촘촘히 쌓인 눈밭 같다고 했다.

 한낮에 우리는 새하얀 모래사막을 가로지르며 사막 저쪽의 짙푸른 바다를 향해 느긋하게 달려가고 있었다. 그때 어딘가에서 갑자기 담홍색 구름이 몰려들더니 천천히 바닷가로 내려앉았다. 바닷가에 금세 노을빛이 깔렸다.

나는 이 갑작스러운 기상 현상을 주시했다. 이상스럽기 짝이 없었다. 대낮에 황혼이 웬 말인가!

다시 자세히 살펴보니, 세상에! 세상에! 그것은 홍학 떼였다. 수천 수만 마리 홍학이 한꺼번에 내려앉아 고개를 숙이고 무언가를 열심히 먹고 있었다.

나는 호세가 들고 있는 사진기로 가만히 손을 뻗으며 소곤거렸다.

"사진기 줘! 내가 찍을래. 소리 내지 마, 움직이지도 말고."

하지만 호세가 한발 빨랐다. 벌써 사진기를 눈앞으로 가져가고 있었다.

"빨리 찍어!"

"안 되겠다, 너무 멀어. 내려가야겠어."

"내려가면 안 돼, 조용히 해!"

나는 나지막하게 부르짖었다.

호세는 내 말은 귓등으로 흘려버리고, 하늘에서 내려온 손님을 기습하려는 양 신발을 벗고 조심스럽게 뛰어 내려갔다. 하지만 미처 다가가기도 전에 붉은 구름은 순식간에 공중으로 날아오르더니 종적도 없이 사라져 버렸다.

홍학을 찍지 못한 것은 너무나 애석했지만 그 찰나의 아름다음은 내 마음 깊은 곳에 평생 잊지 못할 기억으로 남았다.

한번은 사하라위 친구 한 명과 함께 사막의 천막에 초대받아 갔다. 천막 주인은 양 한 마리를 잡아 우리를 정중히 대접했다.

양고기를 먹는 방법은 아주 간단했다. 양 한 마리를 수십 덩이로 잘라 피가 뚝뚝 떨어지는 살점을 불 위에 올려놓고 굽는다. 고기가 반쯤 익으면 세숫대야처럼 생긴 커다란 질항아리에 담고 소금을 뿌린다. 그러고는 빙 둘러앉아 먹기 시작한다.

다 같이 커다란 고깃덩이를 들고 뜯어 먹다가 몇 입 먹고는 고기를 내려놓고 밖으로 나가 차를 마시거나 작은 돌멩이로 장기를 둔다. 한 시간쯤 지나면 돌아와서 다시 둘러앉아 먹던 고기를 들고 뜯는다. 누가 먹던 것이든 상관없다. 이렇게 먹다 내려놓고 또 먹다 내려놓고를 몇 번 하고 나면 양 한 마리는 살점이 다 뜯긴 뼈다귀만 남았다.

나는 호세에게 뼈다귀 뜯는 모습을 찍어 달라고 했다. 그러나 사진은 연속 동작을 담을 수가 없어서 이런 상황을 어떻게 사진으로 표현해야 할지 알 수가 없었다. '나는 지금 벌써 서너 명 이상이 침을 발라 놓은 고기를 뜯고 있다.'

또 어느 날 호세와 함께 새끼 낙타가 태어나는 장면을 보러 가기로 했다. 새끼 낙타가 그냥 땅바닥으로 툭 떨어진다는데 어떤 모습이라는 건지 몹시 궁금했다. 우리는 당연히 사진기를 들고 갔다.

그런데 새끼 낙타는 세상으로 나오는 데 퍽이나 꾸물거렸다. 무료해진 우리는 사막 여기저기를 기웃거리기 시작했다.

그때 낙타를 돌보는 사하라위 노인이 갑자기 멀찍이 떨어진 곳으로 가서 땅 위에 무릎을 꿇고 앉았다가(절을 하는 것이 아니라 그냥 무릎만 꿇었다) 한참 뒤에 일어났다.

그 동작에서 갑자기 재미있는 일이 연상됐다. 사막에는 휴지가 없는데 이곳 사람들은 대변을 보고 나서 어떻게 할까? 건설적인 질문은 아니었지만 나는 골똘히 생각해 보았다.

"호세, 여기 사람들은 어떻게 하는 거야?"

나는 호세에게 뛰어가 살짝 물어봤다.

"저 노인이 무릎 꿇었다 일어난 걸 보고 그러는 거야? 저건 소변을 본 거지 대변을 본 게 아니야!"

"뭐? 세상에 무릎 꿇고 소변보는 사람도 있어?"

"무릎을 꿇는 거랑 쪼그리고 앉는 거 두 가지야. 그것도 몰랐어?"

"가서 찍어 줘!"

나는 이 커다란 발견을 기록하고 싶어서 호세에게 졸라댔다.

"옷자락 때문에 보이지도 않아. 그냥 한 사람이 무릎을 꿇고 있는 것처럼 보일 뿐인데 무슨 재미가 있어!"

"나는 재미있는데. 세상에 이렇게 희한하게 소변보는 법이 있을 줄이야."

나에게는 정말 신기하고 재미난 일이었다.

"예술적 가치가 있어, 싼마오?"

이 질문에는 대답할 말이 없었다.

가장 재미있는 일은 대사막에서 일어났다.

라윤에서 그리 멀지 않은 사막에서 야영할 준비를 하는데 누군가 텐트를 치고 있는 우리에게 다가와 말을 걸었다. 매우 친절하고 스페인어도 할 줄 아는 사하라위 청년이었다. 그는 전에 이동 진료차에서 일하는 수녀를 도운 적이 있다며 자신이 '문명인'임을 강조했다.

그 사람은 우리의 '영혼을 담는 기계'를 무척 좋아했다. 그는 호세에게 옷을 바꿔 입고 사진을 찍어 달라고 했다. 그러고는 호세의 손목시계까지 조심스럽게 차고 몇 번이고 머리를 빗으며 본래의 자기 모습과는 완전히 다른 촌티 나는 가짜 유럽인처럼 꾸몄다.

"그 사진기는 컬러 사진기인가요?"

청년은 매우 예의 바르게 물었다.

"네?"

나는 화들짝 놀랐다.

"저 사진기가 컬러 사진기냐고요?"

그는 다시 한번 물었다.

"필름 말이에요? 사진기가 뭐 컬러 흑백이 있나요."

"그럼요, 전에 그 수녀님 사진기는 흑백 사진기였어요. 저는 컬러 사진이 더 좋아요."

"필름 말이죠? 아니 기계가요?"

청년의 말을 들으니 나까지 헷갈리기 시작했다.

"기계죠. 잘 모르시는군요. 가서 남편분께 물어보세요. 보아하니 컬러 사진기 같은데."

청년은 나를 꼬치꼬치 캐묻는 성가신 여편네로 여기는 듯했다.

"맞아요! 움직이지 마세요. 이 사진기는 세상에서 제일 좋은 총천연색 컬러 사진기입니다."

호세는 정중한 태도로 그 청년의 우아하고 문명인다운 자태를 찍어 주었다.

호세의 속임수를 보면서 나는 옆에서 타조처럼 얼굴을 모래에 묻고 킥킥 웃었다.

고개를 들어 보니 호세가 나를 향해 셔터를 누르고 있었다.

나는 얼굴을 가리고 큰 소리로 외쳤다.

"컬러 사진기가 순진무구한 영혼을 잡아간다! 한 번만 봐주세요!"

이름 없는 중사

어느 여름날 밤, 호세와 함께 거리를 산책하려고 밖으로 나왔다. 한낮의 폭염이 지나간 이 시간의 사막은 시원하고 상쾌했다.

이때쯤 사하라위 이웃들은 아이들을 데리고 음식을 가지고 밖으로 나와 저녁을 먹는다. 매우 깊은 밤이지만 말이다.

우리는 교외 쪽으로 걸어가다 묘지에 이르렀다. 달빛 아래 그리 멀지 않은 곳에서 사하라위 청년들이 무언가를 둘러싼 채 시끌벅적했다. 그리로 가보니 스페인 군인 한 명이 시체처럼 꼼짝도 않고 엎드려 있었다. 얼굴은 불그레하고 텁수룩한 수염에 승마화를 신고 있었다. 군복을 보아하니 사막 군단 소속인 듯했으나 계급장 같은 것은 붙어 있지 않았다.

그 사람은 아주 오랫동안 그 자리에 엎어져 있었던 것 같았다. 그를 둘러싼 사하라위 청년들은 아랍 말로 소리 높여 떠들며 짓궂은 장난을 쳤다. 쓰러진 군인에게 침을 뱉고 신발을 벗기려 하고 발로 손을 밟기도 했다. 어떤 사람은 그의 군모를 쓰고 어릿광대처럼 술 취한 사람 흉내를 냈다.

아무런 대항도 할 수 없는 군인 앞에서 사하라위 청년들은 제멋대로 난폭하게 굴었다.

"호세, 빨리 가서 차 가져와."

나는 호세에게 나지막이 말하고 긴장한 눈초리로 사방을 둘러보았다. 다른 군인이나 스페인 사람이 지나가 주길 간절히 바랐지만 아무도 나타나지 않았다.

호세가 차를 가지러 간 동안 나는 그 군인의 허리춤에 걸린 권총에서 눈을 떼지 않았다. 만약 누군가 그 총을 빼내려고 한다면 즉각 소리칠 준비를 하고 있었다. 하지만 그 다음에 어떻게 해야 할지는 알지 못했다.

서사하라 청년들은 이미 폴리사리오 인민해방전선을 조직해 알제리에 총본부를 두고 있었다. 마을 젊은이들은 대부분 인민해방전선을 지지했다. 스페인 사람과 사하라 사람의 관계는 이미 초긴장 상태였고, 사막 군단과 본토인은 원수지간이나 다름없었다.

이윽고 호세가 차를 몰고 쏜살같이 달려왔다. 우리는 사람들 틈을 비집고 들어가 그 취한을 차로 끌고 가려 했다. 그러나 그는 키가 크고 건장해 차에 태우기가 몹시 힘겨웠다. 온몸을 땀으로 흠뻑 적신 다음에야 간신히 그를 뒷좌석에 밀어 넣고 문을 닫았다. 우리는 연신 미안하다고 하며 천천히 군중을 헤치고 나갔다. 사람들이 차 지붕을 탕탕 때렸다.

우리는 사막 군단을 향해 내달렸다. 호세는 막사 가까이 와서도 속도를 늦추지 않았다. 막사 주변은 쥐죽은 듯 고요했다.

"호세, 헤드라이트 좀 깜빡여 봐. 클랙슨도 울리고. 암호를 모르니까 오해받을 수도 있잖아. 좀 멀찍이 세우자."

호세가 막사와 꽤 멀리 떨어진 곳에 차를 세웠다. 우리는 차에서 내려 스페인어로 소리쳤다.

"술 취한 사람을 데려왔어요! 나와 보세요!"

보초병 두 명이 우리에게 철컥 총구를 겨누며 다가왔다. 우리는 차 안을 가리킨 채 돌처럼 서 있었다.

보초병들은 차 안을 들여다보고는 냉큼 그 군인을 끌어내리며 중얼거렸다.

"또 이 녀석이야!"

그때 높은 담장 위에서 탐조등 불빛이 우리를 비췄다. 나는 겁을 잔뜩 먹고 얼른 차 안으로 숨었다.

차에 올라 떠나려 하자 두 보초병이 우리를 향해 경례를 붙였다.

"고맙습니다, 고향분!"

돌아오는 길에도 내내 가슴이 벌렁벌렁했다. 그렇게 가까이에서 총구를 대면하기는 난생처음이었다. 아무리 아군의 부대라지만 너무나 긴장됐다.

그 뒤로 며칠 동안 사막 군단의 삼엄한 경계와 고주망태가 되어 버린 그 군인의 모습이 머릿속을 떠나지 않았다.

며칠 뒤 호세의 동료들이 우리 집에 놀러 왔다. 나는 손님들을 대접하려고 시원한 우유를 큰 주전자에 담아 내왔다.

그들은 우유를 보더니 마치 소가 물을 마시듯 단숨에 들이켰다. 나는 재빨리 부엌으로 가서 두 통을 더 가져왔다.

"싼마오, 우리가 다 마셔 버리면 당신들은 뭘 마셔요?"

친구들은 미안한 듯 우유를 바라만 볼 뿐 더 마시려 들지 않았다.

"마음 놓고 들어요! 평소에 못 마시잖아요."

먹을 것은 사막에서는 만인의 공통 관심사다. 식사에 초대받아 온 손님들은 맛있는 음식을 보면 어디서 났느냐고 물어보지 않고는 못 배겼다.

그날 오후 우리 집에 있는 우유는 몽땅 친구들 뱃속으로 들어갔지만 나는 조금도 아까운 기색을 보이지 않았다. 그러자 그들은 역시나 우유를 어디서 샀느냐고 물었다.

"하하! 내가 사는 곳이 있어요."

나는 우쭐거리며 뜸을 들였다.

"어디서 샀는지 말해 줘요!"

"아! 당신들은 못 살 텐데. 또 마시고 싶으면 우리 집으로 와요!"

"우리도 많이 사고 싶어서 그래요. 싼마오, 어디서 샀는지 좀 가르쳐 줘요!"

"사막 군단 복지 매장에서 샀어요."

"군대 복지 매장? 여자 혼자 군대에 가서 장을 본다고요?"

친구들이 소리쳤다. 그들은 다들 민간인이었다.

"군인 가족들도 거기서 사잖아요? 나도 당연히 갈 수 있죠."

"그렇지만 규정을 어기는 거잖아요. 당신은 그냥 민간인인데."

"사막 안에 사는 사람들은 시내에 사는 사람들이랑 달라요. 여기서는 군과 민간을 가르지 않아요."

나는 씩 웃으며 말했다.

"군인들이 공손하게 굴어요?"

"굉장히 공손해요. 시내의 민간인보다 훨씬 친절하던데요."

"그러면 우리 대신 우유를 사다 주는 것도 별 문제는 없겠네요?"

"문제없어요. 얼마나 살 건지 적어서 내일 전해 줘요!"

다음 날 호세는 퇴근하자마자 나에게 우유 주문서를 넘겼다. 종이에는 여덟 명의 총각 이름이 적혀 있고 각각 열 통을 원했다. 그러니까 모두 80통이었다.

나는 그 주문서를 들고 입술을 깨물었다. 이미 큰소리를 쳐 놓았으니 복지 매장에 가서 우유 80통을 사는 수밖에 없었다. 하지만 사실은 가서 입을 뗄 엄두도 나지 않았다.

이런 상황에서는 차라리 한 번 낯 두껍게 구는 편이 나았다. 나는 80통이라는 부끄러운 양을 한꺼번에 사버리기로 했다. 하루에 열 통씩 여덟 번 가느니 그게 훨씬 나을 것 같았다.

이틀 뒤, 나는 복지 매장에 가서 열 통짜리 한 상자를 사서 담 모퉁이에다 옮겨 달라고 부탁했다. 그리고 다시 뛰어가 또 한 상자를 사다가 담 모퉁이에 옮겨 놓고 다시 가서 또 한 상자를 샀다. 이렇게 네 번을 되풀이했더니 계산대에 있는 소년병은 이미 어질어질해하고 있었다.

"싼마오, 몇 번을 왔다 갔다 하는 거예요?"

"아직도 네 번 더 해야 돼요. 조금만 참아 줘요."

이름 없는 중사

"왜 한꺼번에 사지 않아요? 우유만 살 거죠?"

"한 번에 많이 사는 것은 규정에 맞지 않잖아요."

나는 몹시 민망해하며 대답했다.

"괜찮아요. 제가 지금 갖다드릴게요. 그런데 우유를 그렇게 잔뜩 사다가 뭘 하시게요?"

"다른 사람이 부탁해서요. 우리 몫이 아니에요."

우유 상자 여덟 개를 담 모퉁이에 쌓아 놓고 택시를 부르려고 하는데 지프 한 대가 내 앞에 와서 멈췄다. 무심코 고개를 든 나는 소스라치게 놀랐다. 차 안에 있는 사람은 호세와 내가 막사에 데려다줬던 바로 그 고주망태 군인이 아닌가?

그는 키가 훤칠한 미남으로 제복이 아주 잘 어울렸다. 수염이 덥수룩해 나이는 가늠할 수 없었고 눈빛이 지나치게 사나워 보였다. 윗도리 단추는 세 개나 풀어헤치고 상고머리에 녹색 군모를 썼는데 군모에 중사 계급장이 달려 있었다.

그날 저녁에는 제대로 보지 못했기 때문에 이번에는 그를 주의 깊게 관찰해 보았다.

그는 내가 뭐라 입을 떼기도 전에 차에서 펄쩍 뛰어내려 작은 산처럼 쌓아 놓은 우유 상자를 하나씩 차에 실었다. 우유를 다 싣자 나는 머뭇거리지 않고 앞좌석에 올라탔다.

"저는 묘지 구역에 살아요."

나는 매우 공손하게 말했다.

"어디 사시는지 잘 알고 있습니다."

그는 아주 거칠게 대답하고는 곧장 출발했다.

우리는 같이 차를 타고 가면서 한 마디도 하지 않았다. 그는 두 손으로 운전대를 꽉 잡고 매우 부드럽게 차를 몰았다. 차가 묘지 구역으로 들어서자 나는 두리번거리며 주위를 살폈다. 그가 그날 저녁 고주망태가 되어 우리에게 실려 갔던 기억 때문에 창피해할까 봐 걱정스러웠다.

집 근처에 이르자 그는 천천히 차를 세웠다. 나는 차가 완전히 서기도 전에 얼른 뛰어내렸다. 그 군인이 다시 우유 상자를 옮겨 줄까 봐 미안해서 곧바로 이웃 잡화점에서 일하는 친구 샤론을 소리쳐 불렀다.

샤론은 내가 부르는 소리를 듣자 곧 슬리퍼를 발에 꿰고 밖으로 나왔다. 샤론의 얼굴에는 겸손한 미소가 감돌았다.

지프 앞쪽으로 가던 샤론은 내 옆에 서 있는 군인을 보자 우뚝 섰다. 그리고 고개를 푹 숙이고 재빨리 상자를 옮기기 시작했다. 마치 악마를 본 듯한 표정이었다.

샤론이 우유를 날라 주는 모습을 보자 그 군인은 눈을 돌려 샤론의 작은 가게를 보았다. 갑자기 그는 경멸하는 눈빛으로 나를 쏘아보았다. 오해한 것이 분명했다. 나는 얼굴이 새빨개

저 바보처럼 변명을 했다.

"이 우유들은 팔려는 게 아니에요. 정말이에요. 믿어 주세요. 나는 그저……."

그는 성큼성큼 걸어가 차에 오르더니 두 손으로 운전대를 쾅 내리쳤다. 그리고 무슨 말인가 하려다 말고 급히 시동을 걸었다.

나는 얼른 정신을 차리고 차를 향해 뛰어가며 말했다.

"고맙습니다, 중사님! 성함이 어떻게 되세요?"

그는 나를 노려보더니 간신히 참아 준다는 태도로 나직이 말했다.

"사하라위족의 친구에게 나는 이름이 없습니다."

말을 마친 그는 가속 페달을 밟으며 쌩하니 떠나 버렸다.

나는 차 뒤에 이는 먼지만 멍하니 바라보았다. 말할 수 없이 억울했다. 나에게는 해명할 기회도 없었고 그의 이름을 물었지만 무례하게 거절당했다.

"샤론, 저 사람 알아요?"

나는 돌아서서 샤론에게 물었다.

"네."

샤론이 낮은 목소리로 대답했다.

"왜 그렇게 사막 군단을 무서워해요? 당신은 유격대도 아니잖아요."

"저 중사는 우리 사하라위족을 모조리 증오해요."

"어떻게 저 사람이 당신들을 싫어한다는 걸 알아요?"

"모두 다 알아요. 당신만 몰라요."

나는 샤론의 정직한 눈을 주의 깊게 들여다보았다. 샤론은 다른 사람을 나쁘게 말하는 법이 없었다. 그런 그가 이렇게 말하는 데는 분명히 사연이 있을 터.

우유 때문에 오해가 생긴 뒤로 부끄러운 나머지 한동안 군대 복지 매장에 갈 수가 없었다.

한참이 지난 어느 날, 길에서 우연히 복지 매장에서 일하는 소년병을 만났다. 그는 다들 내가 이사 간 줄 알았다고 하면서 왜 장 보러 오지 않느냐고 물었다. 그 말에 나는 그들이 결코 나를 오해하지 않았음을 알고 즐거운 마음으로 다시 가서 장을 보기로 했다.

그런데 운이 없게도 내가 다시 복지 매장에 간 첫날, 승마화를 신은 그 중사가 성큼성큼 다가왔다. 입술을 깨물며 긴장한 눈빛으로 그를 보는데 그는 고개를 까딱하며 "안녕하십니까" 한마디 던지고는 계산대로 휙 가버렸다.

사하라위족을 싫어하는 걸 보니 인종차별주의자임에 틀림

없었다. 나는 더 이상 상대하지 않기로 하고 그를 거들떠보지도 않은 채 옆에 서서 계산대의 소년병에게 필요한 물건을 말했다.

계산을 하는데 소매를 걷어붙인 그 중사의 팔뚝에 새겨진 커다란 문신을 보게 되었다. 조잡한 남색 하트 아래 '오스트리아의 돈후안'이라고 새겨져 있었다.

이상하기 짝이 없었다. 하트 밑에는 여자 이름이 적혀 있기 마련인데 돈후안이 웬 말인가?

나는 그가 밖으로 나가기를 기다렸다가 계산대의 소년병에게 물어보았다.

"이봐요! '오스트리아의 돈후안'이 누구예요? 무슨 뜻이죠?"

"아! 예전에 사막 군단의 한 병영 이름이에요."

"사람 이름이 아니에요?"

"역사상으로는 카를로스 1세 시대 사람 이름이에요. 오스트리아랑 스페인이 분리되어 있지 않았을 때요. 나중에 사막 군단에서 그걸 병영 이름으로 쓴 거죠. 아주 오래전 일이에요."

"그런데 좀 아까 그 군인, 팔뚝에 그 이름을 문신했던데!"

나는 고개를 갸웃거리며 거스름돈을 받아 들고 복지 매장을 나섰다. 뜻밖에도 문밖에서 그 군인이 기다리고 있었다. 그는 나를 보고 고개를 꾸벅하더니 나를 따라 몇 발짝 걸으며 말했다.

"그날 저녁에 고마웠습니다."

"뭐가요?"

나는 영문을 몰랐다.

"남편분과 같이 저를 부대까지 데려다주신 일 말입니다. 제가…… 취했을 때."

"아! 한참 지난 일이잖아요!"

별 이상한 사람 다 보겠네, 갑자기 다 지나간 일을 들춰 고맙다고 할 건 뭐람? 지난번 나를 태워다 주면서는 아무 말도 않더니.

"실례지만 궁금한 게 하나 있는데요. 사하라위 사람들 말로는 당신이 그들을 증오한다던데, 이유가 뭐죠?"

나는 아주 무모한 질문을 했다.

"네, 나는 그들을 증오합니다."

그는 나를 똑바로 쳐다보며 말했다. 직설적인 대답에 나는 충격을 받았다.

"세상에는 나쁜 사람도 있고 좋은 사람도 있잖아요. 특별히 나쁜 민족이 있는 건 결코 아니죠."

이름 없는 중사

나는 누구나 할 수 있는 유치한 말을 했다.

그는 모래땅 위에 무릎 꿇고 있는 사하라위 사람들을 노려보았다. 눈빛이 어찌나 강렬한지 소름이 끼칠 정도였다. 이유 없는 증오가 불타오르는 무시무시한 눈초리였다. 나는 입을 다물고 그를 가만히 보고만 있었다.

몇 초 뒤, 그는 잠에서 깨어난 듯 머리를 흔들더니 나에게 세차게 고갯짓을 하고는 성큼성큼 가버렸다.

문신을 새긴 그 중사는 나에게 자기 이름을 말해 주지 않았다. 그의 팔뚝에는 어느 병영의 이름이 새겨져 있다. 왜 그토록 오래전의 병영 이름을 새긴 걸까?

어느 날 사하라위 친구 알리가 자기 부모님의 천막으로 우리를 초대했다. 알리는 평일에는 시내에서 택시를 몰고 주말마다 부모님을 만나러 갔다.

알리의 부모님은 시내에서 100킬로미터쯤 떨어진 '메이세이야'라는 지역에 살았다. 천년만년 전에 큰 강이 흐르다가 말라붙어 양쪽 기슭에 커다란 협곡 같은 낭떠러지가 생겨나 있었다. 강바닥 중간쯤에는 대추야자수 몇 그루와 쉬지 않고 솟아나는 샘이 있어 아주 작은 오아시스를 이루었다. 이렇게 광활한 지역에, 또 이렇게 좋은 물이 있는데도 단지 몇 가구의 천막밖에 없다는 사실이 이해가 가지 않았다.

우리는 황혼 녘에 불어오는 시원한 바람을 맞으며 알리 아버지와 함께 천막 밖에 앉아 있었다. 노인은 기다란 담뱃대를 한가로이 빨고 있었다. 노을에 잠긴 붉은 낭떠러지는 더욱 웅장해 보였다. 저 멀리 하늘 끝에서 첫 번째 별이 외로이 떠올랐다.

알리 어머니가 큰 쟁반에 쿠스쿠스라는 음식과 진하고 달콤한 차를 담아 내왔다. 나는 손으로 쿠스쿠스를 집어 잿빛 밀가루 경단처럼 뭉쳐 입에 넣었다. 이런 풍경 속에서 모래 위에 앉아 사막 사람들의 음식을 먹으니 그야말로 제격이었다.

"이렇게 좋은 곳에 오아시스까지 있는데 왜 사람이 거의 없지요?"

노인에게 의아하게 생각했던 것을 물었다.

"전에는 많은 사람이 북적이며 살았지. '메이세이야'란 이름도 그런 뜻이야. 하지만 그 참담한 사건이 일어난 뒤로 여기 살던 사람들이 모두 떠나 버렸어. 와서 살려는 사람도 없고. 그저 우리처럼 몇 집만이 남아 버티고 있는 거야."

"무슨 사건이요? 저는 왜 몰랐죠? 전염병이 돌아 낙타가 다 죽었나요?"

나는 다그치듯 물었다.

노인은 내 얼굴을 한 번 보고는 담배를 한 모금 빨았다. 그리고 넋 나간 듯 멍한 눈으로 아득히 먼 곳을 바라보았다.

"살인이야, 살인! 피가 흘러 저 샘물이 붉게 물들자 아무도 감히 그 물을 마시려 하지 않았지."

"누가 누구를 죽여요? 무슨 일이었는데요?"

나는 호세에게 기대고 있던 몸을 벌떡 일으켰다. 노인의 음성은 신비롭고도 으스스했다. 갑작스레 밤의 어둠이 내려앉았다.

"사하라위 사람들이 사막 군단 군인들을 죽였어."

노인은 호세와 나를 응시하며 낮은 목소리로 말했다.

"16년 전, 메이세이야는 아름다운 오아시스였지. 보리도 잘 자라고 대추야자도 많이 열리고 마실 물도 풍부하고, 있어야 할 건 다 있었어. 낙타와 염소는 거의 다 여기에 몰고 와 방목했고 천막이 셀 수 없이 많았지……."

노인이 과거의 번영했던 시절을 이야기하는 동안 나는 몇 그루 남지 않은 대추야자수를 바라보고 있었다. 이렇게 황량한 땅에도 청춘이 있었다는 이야기가 믿어지지 않았다.

"나중에 스페인 사막 군단이 왔지. 그들은 여기에 주둔하고 떠나지 않았어……."

"하지만 그때 사하라 사막은 누구에게도 속하지 않았을 텐데요. 어느 누구도 침범할 수 없었어요."

내가 말참견을 했다.

"그래, 그렇지, 아무튼 내 말을 계속 들어 봐……."

노인은 한차례 손짓을 하고는 말을 이었다.

"사막 군단이 오자 사하라위 사람들은 군대가 물을 쓰지 못하게 했어. 그러자 쌍방이 물을 놓고 다투기 시작해서 자꾸 충돌이 일어났지. 그러다가……."

노인이 이야기를 멈추려 하기에 나는 다급하게 물었다.

"그러다가 어떻게 됐는데요?"

"어느 날 사하라위 청년들이 병영을 기습했지. 사막 군단 군인들은 자고 있는 사이에 모두 살해당했어. 칼에 찔려 다 죽어버렸지."

나는 휘둥그레진 눈으로 불빛 너머의 노인을 바라보며 가만히 물었다.

"그러면 군인들이 몽땅 죽었단 말이에요? 사하라위 사람들 칼에 맞아서?"

"딱 한 사람만 살아남았지. 그날 그는 술에 취해 막사 밖에 엎어져 있었거든. 술이 깨보니 동료들이 모두 죽어 있었어. 한 사람도 남김없이."

"그때도 여기 살고 계셨어요?"

나는 차마 "어르신도 그 살인에 가담하셨나요?"라고 묻지는 못했다.

"사막 군단은 가장 날쌘 부대인데 어떻게 그런 일이 가능했죠?"

호세가 물었다.

"전혀 예측하지 못했으니까. 그들은 낮에 정신없이 뛰어다녀야 했고 보초병도 충분하지 않았어. 사하라위족이 칼을 들고 들이닥칠 줄은 상상도 못 했을 거야."

"그때 병영이 어디 있었어요?"

내가 물었다.

"바로 저기!"

노인은 손가락으로 샘물 위쪽을 가리켰다. 그곳에는 모래땅뿐 사람이 살았던 흔적은 아무것도 남아 있지 않았다.

"그 일이 있은 뒤로 아무도 여기 살려고 하지 않았어. 살인에 가담한 사람들은 다들 달아나 버렸고. 그 좋던 오아시스가 이 모양으로 황폐해져 버렸지."

노인은 고개를 숙이고 담배를 한 모금 빨았다. 어느새 어둠이 짙게 깔려 있었다. 갑자기 바람이 찢어지는 듯 날카로운 소리를 내더니 이어서 흐느끼는 듯한 소리를 내며 야자수를 흔들었다. 천막의 버팀목도 덜덜거리기 시작했다.

나는 고개를 들어 암흑 속 저 멀리, 16년 전 사막 군단이 있던 곳을 바라보았다. 군복을 입은 스페인 병사들이 두건을 쓰고 칼을 든 사하라위 사람들과 육박전을 벌이는 모습이 눈에 잡히는 듯했다. 병사들은 영화의 느린 동작처럼 하나씩 하나씩 칼 아래 쓰러졌다. 산더미처럼 쌓인 사람들로부터 새빨간 피가 흘러 모래를 적셨다. 수천 개의 팔이 부질없이 허공으로 뻗어 있고 피투성이가 된 얼굴은 흐느끼며 소리 없이 외치고 있었다. 검은 밤바람에 실려 온 죽은 이들의 공허한 웃음소리가 적막한 대지에 울려 퍼졌다……

나는 흠칫 놀라 눈을 꽉 감았다 떴다. 아무것도 보이지 않고 주위는 아까처럼 고요할 뿐이었다. 우리는 모닥불 앞에 가만히 앉아 아무도 입을 열지 않았다.

갑자기 한기가 느껴졌다. 마음이 답답하고 울적했다. 노인이 말해 준 대규모 학살 사건 때문만이 아니었다. 이곳이 바로 유혈이 낭자하던 끔찍한 대학살의 현장이었기에!

"그 유일하게 살아남았다는 군인…… 그 사람이 바로 팔뚝에 문신을 새긴 사람이죠? 항상 늑대처럼 사하라위 사람들을 노려보는 사람이요."

나는 가만히 물었다.

"그들은 전우애와 단결력이 매우 강했지. 나는 아직도 그자가 술에서 깨어나 죽은 형제들의 시신을 보며 실성한 것처럼 부들부들 떨던 모습을 기억해."

순간 그 군인의 팔뚝에 새겨진 부대 이름이 떠올랐다.

"그 사람 이름을 아세요?"

"그 일이 있고 나서 그자는 시내의 부대로 편입되었지. 그때부터 그는 자기 이름을 말하지 않아. 형제들이 모두 죽어 버렸는데 그가 어찌 이름을 갖겠어? 모두들 그냥 중사라고만 부른다네."

이미 오래전 일이지만 나는 여전히 모골이 송연했다. 저 멀리 있는 모래밭이 일렁이는 것만 같았다.

"이제 그만 자러 가죠! 날이 어두워졌네요."

호세가 큰 소리로 분위기를 바꾸었다. 모두들 말없이 천막으로 들어갔다.

그 일은 이미 역사의 비극으로 남아 있었다. 마을에서는 아무도 그 일을 언급하지 않았지만 나는 그 중사를 볼 때마다 심장이 쿵쾅거렸다. 언제쯤이면 그 비통한 기억이 희미해질까?

작년 이맘때부터 세상에서 버려지다시피 한 사막이 갑자기 복잡해지기 시작했다. 북쪽의 모로코와 남쪽의 모리타니는 서사하라를 양분해 차지하려고 들었고, 서사하라 사람들은 알제리에 본부를 둔 유격대를 조직했다. 유격대는 독립을 원했지만 스페인 정부는 손에 쥔 바둑알을 어디에 내려놓을지 결정하지 못한 채 애매한 태도를 보이고 있었다. 심혈을 기울여 건설한 식민지를 버려야 할 것인가, 지켜야 할 것인가?

그 무렵 혼자 외출한 스페인 병사들이 살해되는 일이 종종 일어났다. 우물에 독약이 풀리고 초등학교 버스에 시한폭탄이 장착되기도 했다. 인산 회사의 수송선에서도 방화가 일어났고 야간 당직자가 전선에 목이 감겨 죽는 일도 있었다. 시외 고속도로에 폭탄이 설치되어 그 위를 지나가던 차량들이 폭파되기도 했다.

이렇게 끊임없이 소란이 일어나자 시내에 사는 스페인 사람들은 바람 소리, 새소리까지도 경계할 지경에 이르렀다. 당국에서는 곧 휴교령을 내리고 스페인 아이들을 본국으로 돌려보냈다. 밤에는 전면 계엄령이 내려지고 마을로 탱크가 한 대씩 들어오기 시작했다. 군사 시설은 철조망으로 겹겹이 에워싸였다.

게다가 스페인은 3면에 적을 두고 있었다. 도대체 이 작은 도시의 어느 쪽에서 소요 사태가 발생할지 짐작할 수가 없었다.

이런 상황에서 여자들과 아이들은 서둘러 스페인으로 돌아갔지만 호세와 나는 딱히 신경 쓸 것도 없고 해서 그냥 상황을 살피며 움직이지 않고 있었다. 호세는 평소대로 출근하고 나는 집에 남아 있었다. 폭발 사고가 두려워 편지를 부치거나 장을 볼 때 말고는 공공장소에 거의 나가지 않았다.

줄곧 평온했던 마을이 달라지고 있었다. 가구를 헐값에 처분하는 사람들이 생겨났고 항공사 입구에는 비행기표를 사려는 사람들이 날마다 길게 늘어섰다. 영화관과 가게는 다 문을 닫았고 아직 남아 있는 스페인 공무원은 다들 권총을 차고 다녔다. 긴장이 극에 달한 분위기였다. 아직 정면충돌은 일어나지 않았지만 마을은 이미 혼란과 불안에 빠져 있었다.

어느 날 오후, 나는 스페인 신문을 사러 시내에 나갔다. 스페인 정부가 이 땅을 어떻게 처리할 것인지 궁금했지만 신문에는 특별한 내용 없이 날마다 그 소리가 그 소리였다. 나는 답답한 마음으로 천천히 집으로 돌아오다 관을 잔뜩 실은 군용 트럭이 묘지로 달려가는 모습을 보았다. 국경에서 모로코인과 전투가 벌어진 건가, 가슴이 철렁 내려앉았다.

집에 오는 길에는 공동묘지를 지나야 했다. 사하라위족의 커다란 묘지 두 곳이 있고 사막 군단의 군인 묘지도 있었다. 군인 묘지는 눈처럼 하얀 담에 에워싸여 있으며 꽃이 새겨진 검은 철문은 늘 닫혀 있었다. 담장 안에는 십자가가 줄지어 서 있고 십자가 아래쪽에는 평평한 석판을 깔아 만든 무덤이 있었다.

그런데 웬일인지 군인 묘지 철문이 열려 있고 첫 번째 줄의 무덤이 다 파헤쳐져 있었다. 많은 병사들이 죽은 형제들을 한 명 한 명 꺼내 새 나무관 속으로 옮기고 있었다.

그 광경을 보니까 분명해졌다. 스페인 정부는 오랫동안 아무 말도 없었지만, 사막 군단은 살아서도 사막에 있고 죽어서도 사막에 묻히는 법이건만 지금 망자를 모두 파내어 함께 이 사막을 떠나려 하고 있다. 결국 스페인은 이 땅을 포기한 것이다!

끔찍하게도, 그렇게 세월이 한참 지났는데도 모래 속에서 한 구 한 구 나오는 시신은 백골이 아니라 미라처럼 바싹 말라 쪼글쪼글해진 모습이었다.

뜨거운 태양 아래서 사막 군단 병사들은 죽은 형제들을 조심스레 파내어 가만히 새 관에 넣고 못질을 한 다음 메모를 붙여 차에 실었다.

구경꾼들이 길을 터주려 움직이는 바람에 나는 묘지 안으로 떠밀려 들어갔다. 그런데 그 이름 없는 중사가 묘지의 담장 그늘에 앉아 있었다.

시신을 보는 것은 불편하지 않았지만 관에 못 박는 소리는 몹시 괴로웠다. 갑자기 중사를 보게 되자 그날 밤 술에 취해 바닥에 엎어져 있던 모습이 떠올랐다. 그날 밤 역시 묘지 근처였다. 그 참사가 있은 지 이토록 긴 세월이 흘렀건만, 그때의 상처가 그를 지금껏 저렇게 싸늘하게 만든 것일까?

세 번째 줄의 석판이 뜯기자 중사는 오래 기다렸다는 듯이 자리에서 일어나 성큼성큼 다가갔다. 그리고 썩지 않은 시신을 들어 올려 애인처럼 품에 안았다. 그는 시신을 두 팔로 가만히 받쳐 든 채 이미 바짝 말라붙은 그 얼굴을 가만히 들여다보았다. 그의 표정에는 원한도 분노도 없었다. 그저 비애에 가까운 온화한 빛이 어려 있을 뿐이었다.

모두들 중사가 시체를 관 속에 넣기를 기다리고 있었다. 그는 뜨거운 태양 아래 우두커니 서 있었다. 세상일을 다 잊은 것만 같았다.

"바로 그의 동생이야. 그때 살해당한."

한 병사가 다른 병사에게 십자가를 건네며 조용히 말했다.

한 세기가 지난 것처럼 오랜 시간이 흐른 뒤, 중사는 관 앞으로 뚜벅뚜벅 걸어가 16년 전 죽은 동생을 조심스레 관에 눕혔다. 영원한 잠에 빠져들 요람에 갓난아기를 눕히는 듯한 모습이었다.

나는 중사가 철문을 지나갈 때까지 시선을 떼지 않았다. 그가 나를 그저 냉정한 구경꾼으로 여기지 않았으면 했다. 그는 빙 둘러싸고 구경하는 사하라위 사람들 앞을 지나가다 말고 우뚝 섰다. 사람들은 아이들을 이끌고 뿔뿔이 흩어져 버렸다.

시신을 옮겨 담은 관은 모두 공항으로 실려 갔다. 땅속에 있던 형제들을 먼저 떠나보내고 가지런히 늘어선 십자가만이 눈부신 햇빛 아래 하얗게 빛났다.

며칠 뒤, 호세는 아침 근무라 새벽 5시 30분쯤 집을 나서야 했다. 형세가 불안하게 돌아간다 싶어 그날 짐을 좀 싸서 차에 실어 사막 밖으로 부치기로 하고 호세는 통근버스로 출근하기로 했다. 나는 호세를 통근버스 타는 곳까지 태워다 주었다.

집에 돌아오는 길에 차가 지뢰를 밟을까 겁이 나서 지름길로 돌아올 엄두가 나지 않았다. 아스팔트 도로를 따라 마을로 들어서는 언덕길에 다다랐을 때 기름이 거의 다 떨어진 것을 알아차렸다. 기름을 넣고 갈까 시계를 보니 6시 10분 전이었다. 주유소가 아직 열지 않은 시간이라 그냥 집으로 향했다. 그때 그리 멀지 않은 거리 위에서 갑자기 쾅 하는 묵직한 폭발 소리가 들리더니 이어 검은 연기가 하늘로 피어올랐다. 이렇게 가까운 곳에서 사고가 나다니, 차 안에 앉아 있는데도 너무 놀라 심장이 벌렁거렸다. 급히 집으로 차를 모는데 구급차가 사이렌을 울리며 쏜살같이 달려갔다.

오후가 되어 돌아온 호세가 물었다.

"폭발 소리 들었어?"

나는 고개를 끄덕이고 물었다.

"사람이 다쳤어?"

"그 중사가 죽었어."

"사막 군단의 그 사람 말이야?"

내가 아는 중사는 단 한 명뿐이었다.

"어떻게 된 거야?"

"오늘 아침에 그 사람이 차를 몰고 폭탄이 터진 그곳을 지나가는데 사하라위 아이들이 무슨 상자를 가지고 놀고 있더래. 상자 위에는 유격대의 작은 깃발이 꽂혀 있었고. 상자가 수상해 보였는지 중사가 차에서 내려 아이들에게 뛰어갔대. 그 아이들을 쫓아 버리려고 하는데 한 아이가 깃발을 뽑았고 상자가 갑자기 폭발해서……."

"사하라위 아이들이 얼마나 죽은 거야?"

"중사가 자기 몸으로 그 폭탄 상자를 덮쳤대. 몸뚱이가 산산조각 났지. 아이들은 두 명만 다쳤어."

나는 망연한 마음으로 저녁을 짓기 시작했다. 마음속에서 아침의 그 사건을 떨쳐낼 수가 없었다. 16년을 원한을 품고 지내던 사람이 가장 위급한 순간에 도리어 자신의 생명을 그렇게도 증오하던 사하라위 아이들 목숨과 바꾸다니, 도대체 왜 그랬을까? 그가 이렇게 죽을 줄은 생각지도 못했다.

다음 날 중사의 시신은 관 속에 눕혀져 파헤쳐진 빈 공동묘지에 조용히 묻혔다. 형제들은 이미 고향으로 돌아가 편안히 잠들었지만 그는 그들을 따라가지 못했다. 오히려 사하라의 땅에 묻힌 것이다. 그가 사랑하고 또 증오했던 땅이 그의 영원한 안식처가 되었다.

나는 한참이 지나서야 그의 묘지를 찾아가 보았다. 묘비명은 아주 간단했다. '샤파 산체스 두레이, 1932~1975'라고만 새겨져 있었다.

집으로 돌아오는 길, 사하라위 아이들이 광장에서 쓰레기통을 두들기며 놀고 있었다. 아이들은 박자에 맞추어 노래를 불렀다. 닥쳐올 전쟁은 전혀 모르는 듯 석양빛에 물든 아이들의 모습은 평화롭기만 했다.

길 위의 사람들

종종 듣게 되는 노래가 있다. 제목도 확실히 모르고 노랫말과 가락도 제대로 흥얼거리지 못하지만 맨 처음 두 구절만은 선명하게 기억이 난다. '사막을 떠올리면 물이 생각나고 사랑을 떠올리면 당신이 생각나네……'

노래의 뒷부분은 어떻게 되는지 모르겠다만, 물과 사랑 모두 사막 생활에서 대단히 중요한 것이기에 이런 직접적인 연상은 매우 자연스럽다고 할 수 있겠다.

내 친구 마이린도 편지에 이렇게 써 보냈다.

'네가 아라비아 사람들이 입는 화려한 색동천을 두르고 발목에는 작은 방울 발찌를 하고 머리에 큰 물병을 이고 오아시스에서 물을 긷는 모습을 늘 상상한단다. 정말 그림처럼 아름

다워······.'

참으로 귀여운 친구다. 마이린이 묘사한 '물 긷는 여자 노예의 그림'은 더없이 운치 있고 낭만적이다. 하지만 실제로 물을 길어 오는 일은 너무나 고생스럽다. 절대 기분 좋은 일이 아니다. 게다가 나는 머리를 짓누르는 커다란 물통을 이고 올 수도 없다.

부모님은 매주 보내는 편지마다 신신당부를 하신다.

'물하고 콜라 값이 똑같다니 너 분명 물은 잘 안 마시고 콜라만 마시겠구나. 물은 사람 몸에 꼭 필요하단다. 허구한 날 콜라만 마시다가는 건강을 해친다. 꼭 물을 마셔라. 아무리 비싸더라도······.'

사막에서 살지 않는 사람들은 이렇게 빠짐없이 물 문제를 언급한다. 광대하고 끝없는 모래 바다 속에서 작은 배 한 척도 없이 어떻게 험한 파도를 헤치고 용감하게 마을 밖 세상으로 나가는지 물어보는 사람은 거의 없다.

길이라곤 하나밖에 없는 이런 작은 마을에 오랫동안 갇혀 있다 보면 다리가 부러진 채 막다른 골목에 홀로 사는 사람처럼 쓸쓸한 기분이 든다. 천편일률과도 같은 나날에는 커다란 기쁨과 즐거움도 없고 깊은 시름과 슬픔도 없다. 베틀 위의 씨실과 날실처럼 늘 똑같이 이어지며, 한 필 한 필 짜내는 세월

또한 단조로운 한 가지 모양과 빛깔뿐이다.

어느 날 호세가 선박으로 운송되어 온 작은 차를 몰고 문 앞에 나타났다. 나는 우리 차를 만나러 돌격하듯 뛰쳐나갔다. 비싸고 튼튼하고 커다란 랜드로버도 아니고 사막을 질주하기에는 적합하지 않은 작은 차였지만 우리는 더없이 만족했다.

차 안팎을 살며시 어루만져 보았다. 보물을 얻은 양 기뻐서 어쩔 줄 몰랐다. 머릿속에 갑자기 넓은 사막에 노을이 깔리는 광경이 떠오르며 영화『야성의 엘자』주제 음악이 흘렀다. 신기하게도 차 안으로 거센 바람이 휘몰아치는 느낌이 들며 머리카락이 춤을 추었다.

나에게 온 이 '사막의 조각배'를 나는 일편단심 사랑했다. 호세가 퇴근해 돌아오면 나는 깨끗한 헝겊으로 세심하게 차를 닦고 광을 냈다. 티끌 하나 남기지 않았고 타이어에 낀 작은 돌멩이까지 집게로 뽑아냈다. 그러면서도 우리에게 크나큰 기쁨을 주는 이 동반자를 정성껏 받들지 못하는 듯하여 걱정스럽기만 했다.

"호세, 오늘 출근할 때 우리 백마가 잘 달렸어?"

나는 자동차의 커다란 눈동자를 닦으며 호세에게 물었다.

"그럼. 동쪽으로 가라면 순순히 동쪽으로 가고 풀을 줘도 점

잔 빼면서 조금밖에 안 먹더라고."

"이제야 우리도 차가 생겼구나. 예전에 고속도로에서 남의 차 얻어 탔던 일 기억나? 비바람을 맞으며 누군가 태워 주길 처량하게 기다리기도 했잖아."

"유럽에서나 그랬지. 미국에선 그러지도 못했지?"

호세가 웃으면서 말했다.

"미국은 치안이 불안하잖아. 더구나 그때는 당신도 없었고."

나는 새 자동차의 부드러운 오른쪽 눈을 닦으면서 호세와 이런저런 한담을 나눴다.

"호세, 난 언제 차를 몰지?"

내가 희망에 가득 찬 목소리로 묻자 호세는 별소리 다 한다는 듯이 되물었다.

"시운전해 봤잖아?"

"그게 뭐야! 당신이 옆자리에 앉아 계속 잔소리를 해대서 허둥지둥했잖아. 다그칠수록 엉망이 된다는 걸 몰라? 이 심리학도 모르는 인간아."

그때 일을 생각하니 화가 치밀었다.

"내가 일주일 더 타고 다니고, 그 다음부터는 통근버스로 출근할 테니까 퇴근할 때 당신이 차로 데리러 와. 그럼 되지?"

"좋았어!"

나는 신이 나서 팔짝팔짝 뛰었다. 자동차를 품에 안을 수 없다는 게 안타까울 뿐이었다.

호세의 일터는 차로 한 시간 남짓 걸렸다. 황량한 고속도로가 일직선으로 쭉 뻗어 있고 교통량도 없다시피 한 길이라 마음껏 달릴 수 있었다.

처음에 호세를 데리러 갔을 때는 40분이나 늦었다. 기다리다 지친 호세가 짜증을 부렸다.

"미안, 미안. 많이 늦었지."

나는 온몸이 땀에 젖어 소맷자락으로 얼굴을 닦으며 차에서 뛰어내렸다.

"겁낼 필요 없다니까. 그렇게 쭉 뻗은 길에서는 아무리 밟아도 어디다 박을 일이 없어."

"도로 곳곳이 모래로 덮여 있잖아. 차에서 내려 지나갈 수 있는 고랑을 파다 보니 시간이 이렇게 걸렸어. 게다가 그 사람은 또 어찌나 먼 데 사는지……."

나는 조수석으로 옮겨 앉아 호세에게 운전대를 내주었다.

"누구 말이야?"

호세가 나를 돌아보며 물었다.

"길 가던 사하라위 사람."

나는 손바닥을 벌리며 말했다.

"싼마오, 우리 아버지가 지난번 편지에서도 말씀하셨잖아. 죽어서 땅에 묻힌 지 40년 된 사막 사람이라도 믿으면 안 돼. 당신 혼자 사막을 건너다……."

호세의 다그치는 말투에 기분이 나빠졌다.

"아주 늙은 할아버지였어. 뭐야, 당신?"

나는 그 말을 일축했다.

"노인도 안 돼!"

"나한테 뭐라 하면 안 되지. 지난 몇 년 동안 날강도처럼 생긴 우리를 태워 준 차가 얼마나 많아? 알지도 못하는 사람들이었는데. 인류에게 그 정도 믿음도 없다면 눈이 멀었거나 정신병자야."

"그건 유럽에서였고 우리는 지금 아프리카에 있는 거야. 사하라 사막. 똑바로 구별해야지."

"똑바로 구별했거든. 그래서 태운 거야."

이건 달랐다. 문명사회는 너무나 복잡해서 나와 관계있는 사람이나 일에도 무심했다. 그러나 1년 내내 광풍이 휘몰아치는 이 척박한 땅에서는 사람은 말할 나위도 없고 풀 한 포기, 아침 햇살에 빛나는 이슬 한 방울조차도 내 영혼을 울린다. 그러니 적막한 하늘 아래 비틀거리며 홀로 걸어가는 노인을 어찌 못 본 척할 수 있겠는가!

물론 호세도 잘 알고 있다. 그저 깊이 생각하기가 싫었을 뿐이다.

차가 생기자 주말마다 마을을 빠져나가 황야 이곳저곳을 바삐 쏘다니기가 훨씬 편해졌다. 이 쾌적한 기분은 차가 없던 시절과는 딴판이었다.

그렇지만 평일에는 호세가 약속을 어기고 차를 몰고 출근해 하루 종일 차를 독점했다. 나는 여전히 뜨거운 햇볕을 무릅쓰고 먼 길을 걸어 시내로 나가야 했다. 우리는 툭하면 차를 차지하려고 다퉜다. 어느 날에는 이른 새벽에 호세가 몰래 차를 타고 가는 소리를 듣고 잠옷 바람으로 달려 나갔지만, 차는 이미 사라진 뒤였다.

이웃 아이들은 원래 다 내 친구였다. 그런데 호세가 차를 몰고 으스대면서 들락날락, 후진, 회전을 해가며 서커스단 어릿광대처럼 관중들을 웃기기 시작하자 아이들은 그 신기한 사람에게 우르르 몰려들었다. 이제 아이들이 숭배하는 대상은 호세였다.

나는 예전부터 어릿광대가 재주 부리는 모습을 보면 마음이 불편했는데 이번에도 마찬가지였다.

어느 날 저녁 호세가 돌아왔다는 신호인 브레이크 소리가 들렸다. 집으로 들어올 줄 알았는데 뜻밖에도 차는 이내 다시 떠나 버렸다.

호세는 밤 10시가 넘어서야 꾀죄죄한 꼬락서니로 집에 들어왔다.

"어디 갔다 왔어? 저녁 다 식었잖아."

나는 험악하게 호세를 노려봤다.

"드라이브! 헤헤! 드라이브 좀 하고 왔어."

호세는 아무 일 없다는 듯 휘파람을 불면서 욕실로 들어가 버렸다.

나는 밖으로 뛰쳐나가 차를 살펴봤다. 여기저기 흙덩이가 붙어 있었다. 차 문을 열자 희한한 냄새가 물씬 풍겼다. 앞자리 시트에는 콧물이 군데군데 묻어 있고 뒷자리에는 오줌 싼 흔적이 역력했다. 유리창에는 작은 손자국이 가득한 데다가 차 안 여기저기에 과자 부스러기가 잔뜩 떨어져 있었다. 난리통이 따로 없었다.

"무슨 놀이공원 차리셨나?"

나는 욕실 밖에서 사납게 소리쳤다.

"오오! 명탐정 셜록 홈스 납셨군."

욕실 안에서 물 끼얹는 소리가 경쾌하게 들려왔다.

"홈스고 뭐고, 나와서 차 꼴 좀 봐!"

나는 소리를 빽 질렀다. 호세는 못 들은 척 물을 더 세게 틀었다.

"그 지저분한 꼬맹이들을 몇 명이나 태우고 갔어? 엉?"

"열한 명. 히히! 쿠카 동생 하리파까지 끼워 줬지."

"난 나가서 세차할 거니까 알아서 밥 먹어. 앞으로 차는 한 사람이 일주일씩 타는 거야. 그래야 공평해."

나는 꼬투리를 잡자 이때다 싶어 차량 이용 규칙을 다시 내세웠다.

"알았어! 맘대로 해!"

"약속했다, 영구불변!"

나는 마음이 안 놓여 재차 확인했다.

호세는 물에 젖은 머리를 밖으로 내밀고 흉악한 표정을 지어 보였다.

억지로 차를 빼앗기는 했지만 사실 아침에 우체국 주변이나 맴도는 게 고작이었다. 집에 돌아와 빨래와 청소 등 집안일을 마친 다음 오후 3시쯤 되면 외출복으로 갈아입고 나왔다. 젖은 걸레를 뜨겁게 달궈진 핸들 위에 덮고 좌석에는 두꺼운 책 두 권을 깔았다. 그런 다음 정신이 아득해질 정도로 뜨거운 태양 아래서 하루 종일 기다려 왔던 특별한 일과를 시작했다.

이런 식의 오락은 도시에 사는 사람들에게는 아무 의미도 없을 것이다. 하지만 기나긴 오후를 죽은 듯 적막한 오막살이에서 보내느니 차를 몰고 사막을 한 바퀴 도는 편이 훨씬 나았다. 선택의 여지가 없다시피 한 일이었다.

좁은 아스팔트 도로를 따라 100킬로미터쯤 달려가면 어지러이 흩어져 있는 천막들이 나타났다. 거기 사는 사람들은 시내에 볼일이 생기면 하루 종일 터덜터덜 걸어가야 할 뿐 다른 방법이 없었다. 끝없는 모래 물결이 일렁이는 이곳의 진정한 주인은 바로 대지였다. 이곳에서 살아가는 사람은 그저 모래 틈에 섞인 작은 자갈에 지나지 않았다.

무서우리만치 고요한 오후의 사막을 달리다 보면 마음 한 구석에 쓸쓸함이 밀려들었다. 하지만 상상도 못 할 정도로 드넓은 이 땅을 홀로 달리는 기분은 자유롭기 그지없었다.

간혹 하늘 끝에서 작은 점 하나가 느릿느릿 움직이는 모습을 보면 나도 모르게 바람처럼 달리던 속도를 줄이곤 했다. 하늘 아래 그토록 작고 외로운 뒷모습을 보면 왠지 참을 수가 없어 고개를 쑥 뽑게 되었다. 힘겹게 발을 내딛는 사람 곁을 나는 흙먼지를 자욱하게 일으키며 휙 지나갔다. 놀라게 하지 않기 위해 반드시 앞질러 가서 차를 세운 다음 창문을 내리고 손짓을 했다.

"타세요! 태워다 드릴게요."

길 위의 사람들

그러면 그 사람은 머뭇거리고 수줍어하며 나를 바라보았다. 대부분 밀가루나 곡식 포대를 지고 가는 사하라위 노인들이었다.

"겁내지 마세요. 너무 덥잖아요. 타세요."

차에 탄 사람들은 내릴 때는 절하다시피 하며 고마움을 표시했다. 내 차가 멀리멀리 사라질 때까지 그 겸손한 사람들은 저 멀리 광활한 하늘 밑에서 나에게 손을 흔들고 있었다. 나는 그들이 차에서 내리면서 내게 보여 주는 표정에서 늘 감동을 받았다. 얼마나 순박한 사람들인가!

한번은 마을 밖으로 30킬로미터쯤 달려가다가 커다란 염소 한 마리를 낑낑대며 끌고 가는 할아버지를 보았다. 세찬 바람에 옷자락이 바람을 가득 안은 돛처럼 잔뜩 부풀어 더욱 힘겨워 보였다.

나는 차를 멈추고 소리쳤다.

"샤헤이피(친구), 타세요!"

"내 염소는?"

노인은 염소를 꼭 붙들고 난감한 듯 나직하게 말했다.

"염소도 태우세요!"

염소를 뒷좌석에 밀어 넣고 노인은 내 옆에 앉았다. 염소 머리가 내 뒷덜미에 닿았다. 차를 모는 내내 잔뜩 긴장한 염소의 거친 숨결이 목에 와 닿는 바람에 간지러워 죽을 지경이었다. 나는 속도를 높여 노인과 염소를 길가에 늘어선 낡은 천막 앞까지 데려다주었다. 차에서 내리면서 노인은 내 손을 힘껏 쥐고는 이빨이 다 빠진 입으로 옹알옹알 감격스러운 말을 쏟아 내며 좀처럼 손을 놓으려 하지 않았다.

나는 웃으면서 말했다.

"괜찮아요, 염소나 빨리 내려 주세요! 이 녀석이 내 머리카락이 풀인 줄 알고 계속 씹고 있어요!"

집에 돌아오자 호세가 뛰쳐나왔다.

"차에 염소 똥을 묻혀 왔잖아! 저번에 나한테는 놀이공원을 열었냐고 뭐라 하더니, 당신이 다 치워. 나는 몰라."

나는 호세의 등 뒤에서 입을 막고 키득거렸다. 작은 빗자루로 차 안에 떨어진 염소 똥을 쓸어 담아 화분에 줬다. 누가 차를 세워 사람을 태우는 게 쓸데없는 일이라고 말할 것인가.

호세의 근무 시간은 종종 바뀌었다. 이제 오후 2시에 출근해 밤 10시에 퇴근할 차례였다. 이런 날에도 굳이 한낮에 호세와 함께 집을 나서서 호세를 회사에 내려 주고 나 혼자 돌아오곤 했다. 왕복 100킬로미터 길이었다.

뜨거운 한낮의 사막에는 모래바람이 거세게 휘몰아쳐 누런 흙먼지가 하늘에 가득했다. 먼지가 폐에 들어차는 것처럼 괴로운 데다가 한치 앞도 내다보기 힘들었다. 폭풍우가 휘몰아치는 바다를 헤치고 나아가는 것만 같았다. 사방에서 빗발치는 모래와 돌이 귀청을 찢을 듯 요란한 소리를 내며 사납게 차를 때렸다.

이런 한낮에 호세를 태워다 주고 돌아오는 길이었다. 뿌연 모래 먼지 속에서 자전거를 타고 가는 사람 그림자가 보였다. 나는 깜짝 놀라 급히 차를 세웠다. 그 사람은 자전거를 내팽개치고 나에게 달려왔다.

"무슨 일이에요?"

나는 창문을 열고 손으로 눈을 가린 채 물었다.

"아줌마, 물 있어요?"

손가락을 살짝 벌리고 보니 열 몇 살쯤 되어 보이는 사내아이가 절박한 눈빛으로 나를 보고 있었다.

"물? 없는데."

내 말에 아이는 실망한 나머지 울음이 터질 듯한 표정이 되어 돌아섰다.

"빨리 차에 타!"

나는 차창을 두드리며 소리쳤다.

"내 자전거……"

아이는 자전거를 포기하려 하지 않았다.

"이런 날씨에 자전거를 타고 가다간 영원히 집에 못 간다."

나는 고글을 쓰고 자전거를 가지러 뛰쳐나갔다. 하지만 커다란 구식 자전거는 어떤 방법으로도 내 작은 차에 실을 수가 없었다.

"도저히 안 되겠다. 왜 물도 안 갖고 나왔니? 자전거를 얼마나 탄 거야?"

나는 몰아치는 바람 속에서 아이에게 소리쳐 물었다. 입 속에 금세 모래가 가득 찼다.

"아침부터 계속이요."

아이가 울먹이며 말했다.

"일단 차에 타. 자전거는 여기 두고 갔다가 나중에 다른 사람 차를 타고 찾으러 오면 되잖아, 응?"

"안 돼요. 조금만 지나면 모래가 덮어 버려서 못 찾아요. 절대 못 버려요."

아이는 고집스럽게 사랑하는 고물 자전거를 지켰다.

"할 수 없지! 난 먼저 간다. 이거라도 쓰고 가."

나는 고글을 벗어 아이에게 건네주고 차에 올라탈 수밖에 없었다.

집으로 돌아와 집안일을 하려고 했지만 그 아이의 모습이 계속 어른거리며 귀신처럼 내 마음을 물고 늘어졌다. 창밖에서 스산한 바람 소리가 들려왔다. 몇 분쯤 앉아 있었지만 심란해서 아무 일도 할 수가 없었다.

나는 신경질적으로 냉장고를 열어 물 한 병과 빵 한 덩이를 꺼내고는 호세의 사냥 모자를 집어 들었다. 그리고 차로 뛰어들어 시동을 걸고 머릿속에서 떠나지 않는 그 녀석에게로 향했다.

초소의 보초병이 나를 보고 뛰어나왔다.

"싼마오, 이런 날씨에 또 드라이브 나가세요?"

"드라이브가 아니라요, 속을 알 수 없는 귀찮은 꼬마 녀석 때문에요."

나는 속도를 올려 안개 같은 모래바람 속으로 달려갔다.

"호세, 차 당신이 몰고 다녀! 난 필요 없어."

나는 그날만도 세 번이나 차를 몰고 나갔다 왔다. 이미 깊고 싸늘한 밤이었다.

"더워서 못 참겠지! 하하!"

호세는 득의양양하게 웃었다.

"길 위의 사람들 때문에 못 참겠다. 정말 지긋지긋하다, 어찌나 사정들이 다양한지."

"사람이 어디 있다고?"

호세가 우습다는 듯 물었다.

"매일매일 만나는데, 당신 눈에는 안 보여?"

"당신이 신경 안 쓰면 되지."

"내가 신경 안 쓰면 누가 써? 꼬마 녀석이 목말라 죽는 걸 보고만 있어?"

"그래서 어쩌겠다고?"

"으이그, 관둬!"

나는 의자에 몸을 기대고 창밖을 내다보았다.

관두자고 해놓고 나는 몇 주일 동안 집에 틀어박혀 바느질을 했다. 꽃무늬 조각 100여 개를 이어 붙여 이불을 만들고 나면 또 어떤 바람이 들지는 알 수 없었다.

"호세, 날씨도 좋고 모래바람도 안 부는데 내가 회사까지 태워다 줄게!"

이른 새벽, 나는 잠옷을 입은 채 모래땅 위에 서 있는 차를 보며 말했다.

"오늘 공휴일이잖아. 그냥 시내로 놀러나 갔다 와."

"아! 정말. 그런데 왜 출근해?"

"광산 일은 멈출 수가 없잖아. 당연히 가야지."

"휴일에는 시내에 사람들이 바글바글해서 정신없어. 안 갈래."

"그럼 타!"

"옷 좀 갈아입고 올게."

나는 날쌔게 들어가서 셔츠와 청바지로 갈아입고 비닐봉지 하나를 들고 나왔다.

"비닐봉지는 뭐 하게?"

"날씨가 이렇게 좋잖아. 당신 보내고 나서 탄피랑 양 뼈 주우러 가게. 금세 돌아올 거야."

"그런 걸 주워다 뭐 하게?"

호세가 시동을 걸면서 물었다.

"주워 온 탄피를 옥상에서 하룻밤 얼렸다 깜깜한 새벽에 가지고 내려오는 거야. 그걸 눈에 붙이면 다래끼가 나아. 지난번에 당신 눈도 고쳐 줬잖아."

"어쩌다 나은 거지. 당신이 멋대로 생각해낸 방법이잖아."

나는 어깨를 으쓱할 뿐 뭐라 말하지 않았다. 사실 물건을 줍는다는 것은 핑계였고 진짜 좋아하는 일은 공기 좋은 벌판에서 빈둥거리는 것이었다. 하지만 안타깝게도 날씨가 좋은 날은 매우 드물었다.

차에서 내린 호세가 바다 위에 떠 있는 기다란 제방 위로 걸어갔다. 나는 한숨을 쉬고는 차를 몰고 그곳을 떠났다.

이른 아침의 사막은 물로 씻어낸 것처럼 깨끗했다. 쪽빛 하늘에는 구름 한 점 없고 부드러운 모래 언덕이 시선이 닿지 않는 곳까지 끝없이 펼쳐져 있었다. 이런 때의 사막을 보면 잠든 여인의 거대한 몸뚱이가 가냘프게 숨 쉬고 있는 것만 같았다. 평온하고 고요하고 깊은 아름다움에 빠져들어 가슴이 아려 왔다.

도로에서 벗어나 앞사람이 남긴 타이어 자국을 따라서 사격장으로 갔다. 탄피를 조금 줍고 나서 잠시 모래땅에 누워 대접처럼 나를 덮고 있는 둥그런 하늘을 쳐다보았다. 그리고 다시 기나긴 모래 길을 따라가면서 마른 뼈를 찾았다.

완전한 뼈는 찾지 못했지만 뜻밖에도 커다란 조개 화석을 주웠다. 아름다운 부채가 활짝 펼쳐진 모양이었다.

침을 뱉고 바지에 문질러 조개를 깨끗이 닦은 다음 집으로 향했다. 태양이 어느새 머리꼭지 위에 걸려 있었다.

창문을 열고 바람을 맞았다. 날씨가 너무 좋아서 라디오 뉴스조차 듣기가 무엇했다. 하늘과 땅에 가득한 이 적막을 깨고 싶지 않았다. 길은 반짝이는 한 줄기 작은 강처럼 하늘 아래로 곧게 흘러갔다.

저 멀리 하늘 끝에 움직이지 않는 작은 점 하나가 보였다.

그 옆을 스쳐 지나가는데 그 사람이 갑자기 손을 들어 차를 세웠다.

"안녕하세요!"

나는 천천히 차를 세웠다. 열병식에 참석하는 것처럼 단정하게 차려입은 스페인 병사가 길가에 외로이 서 있었다.

"안녕하세요, 부인!"

꼿꼿이 서 있던 그는 차 안에 있는 나를 보더니 좀 놀란 기색을 내비쳤다. 초록색 군복, 널찍한 허리띠, 군화, 군모를 늠름하게 갖췄음에도 얼굴에 가득한 순박하고 어린 티를 감출 수는 없었다.

"어디 가세요?"

"아! 시내에요."

"타세요!"

나는 처음으로 젊은 남자를 태웠다. 그 얼굴을 보니 조금도 망설여지지 않았다.

그는 조심스레 옆자리에 올라탔다. 단정하게 무릎 위에 올려놓은 양손을 보고 나는 살짝 놀랐다. 무슨 거창한 의식 때나 끼는 새하얀 장갑을 끼고 있었다.

"이렇게 일찍 시내에 가요?"

할 말을 찾느라 이렇게 물었다.

"네. 영화 보려고요."

그는 성실하게 대답했다.

"영화는 오후 다섯 시에나 시작할 텐데!"

나는 아무렇지도 않은 듯 말하려고 애썼지만 속으로는 이 젊은이가 80퍼센트는 정신이 나갔다는 생각이 들었다.

"그래서 아침 일찍 출발했어요."

청년은 수줍어하며 몸을 들썩였다.

"고작 영화 한 편 보려고 하루 종일 사막을 걸으려는 거예요?"

정말 불가사의한 일이었다.

"오늘 휴가거든요."

"부대 차가 태워다 주지 않아요?"

"신청을 늦게 해서 자리가 없었어요."

"그렇다고 걸어가요?"

나는 끝도 없이 뻗은 기나긴 길을 바라보았다. 마음속에 작은 파도가 일었다.

얼마 동안 둘 다 말이 없었다.

"군 복무 중이에요?"

"예!"

"할 만해요?"

"아주 좋아요. 저는 기마 유격병인데 진지를 옮겨 다니며 1

년 내내 천막에서 지내요. 물이 좀 부족하긴 해요."

나는 다시금 병사의 정갈한 외출복을 유심히 살폈다. 이렇게 차려입을 만큼 그에게 중요한 일이라니!

시내에 도착하자 그는 기쁨을 감추지 못한 채 활짝 웃었다. 완전히 어린아이였다.

그는 차에서 내려 서툴지만 엄숙하게 경례를 붙였다. 나는 고개를 끄덕이고 다시 차를 몰고 달려갔다.

돌아오는 내내 그 다 큰 어린애의 새하얀 장갑이 눈앞에 어른거렸다. 1년 내내 사람 구경하기 힘든 이 스산한 사막에서 지내는 그에게 쇠락하고 초라한 작은 도시로 나가 영화를 보는 것은 지금 무엇보다도 중대한 일이었다.

문득 마음속에 알 수 없는 통증이 느껴졌다. 그 병사는 평상시에는 느끼지 못하던 곳을 건드렸다. 그는 멀리 있는 내 남동생 또래였다! 동생도 군복무 중이었다. 진공의 시간 속으로 빨려든 것처럼 잠시 멍해 있다가, 이내 머리를 흔들고는 속도를 높여 집으로 돌아왔.

호세는 나더러 늘 쓸데없는 일에 참견하고 다닌다고 잔소리를 했지만, 사실은 호세 역시 말만 그랬지 혼자 차를 몰고 출근할 때는 나처럼 길 가는 사람을 태워 주었다.

이렇게 외진 곳에서 차를 몰고 가다가 뙤약볕 아래에서 달팽이처럼 걸어가는 사람을 보면 누구라도 못 본 척할 수 없을 것이다.

"오늘 진짜 재수 없네. 그 노인네들이 어찌나 사납던지."

어느 날 호세가 으르렁거리면서 들어왔다.

"길에서 사하라위 할아버지 세 명을 태웠는데 냄새가 어찌나 지독한지 기절할 뻔했어. 내릴 때가 되니까 노인네들이 아랍어로 한마디씩 지껄이는데 나는 나한테 말하는 줄은 꿈에도 모른 채 계속 달렸지. 그랬더니 어떻게 했는지 알아? 내 뒤에 앉은 노인이 급한 김에 딱딱한 신발을 벗어서 내 머리를 후려치는 거야. 하마터면 맞아 죽을 뻔했어."

"푸핫, 사람을 태워 주고 되레 얻어맞아, 푸하하!"

나는 배를 쥐고 웃었다.

"만져 봐. 혹이 얼마나 크다고."

호세는 이를 부득부득 갈면서 머리를 어루만졌다.

가장 신날 때는 사막에서 외국인을 만날 때였다. 우리는 광활한 땅덩어리에서 살고 있지만 정신적으로는 꽉 닫혀 있었다. 그래서 바깥세상에서 온 사람이 멀리 떨어진 번화한 세상 얘기를 해주면 가슴이 콩닥콩닥 뛰었다.

"오늘 출근길에 외국인을 태우고 갔어."

"어느 나라 사람?"

나는 정신이 번쩍 들었다.

"미국에서 왔다더라고."

"무슨 얘기 했어?"

"아무 얘기도 안 했어."

"그 먼 길을 둘이서 한 마디도 안 하고 갔단 말이야?"

"첫째는 말이 안 통했고, 둘째는 그 사이코가 차에 타자마자 작은 막대기로 계속 앞좌석을 두들기는 거야. 대체 무슨 연주를 하는지 정신 사나워 죽겠더라고. 목적지에 빨리 내려 주려고 미친 듯이 달리는데, 세상에 이 인간이 광산까지 가는 거야."

"어디서 차를 탔는데?"

"시내 고속도로 입구에서. 큰 배낭을 메고 성조기를 꽂고 서 있더라."

"당신네 그 사나운 경비원이 들여보내 줬어? 그 사람은 통행증도 없을 텐데."

"도무지 말을 들어 먹질 않던데! 인산 캐는 걸 꼭 봐야겠다면서."

"그건 아무나 볼 수 있는 게 아니잖아."

나는 거칠게 말했다.

"경비원이 막으니까 그 인간이 배낭을 쳐들고 소리를 지르는 거야. 나는 미국인이다!"

"그래서 들어갔단 말이야?"

나는 눈이 휘둥그레졌다.

"들어갔어."

"웃겨!"

나는 발끈했다.

호세는 곧 씻으러 갔다. 물소리 사이로 갑자기 호세가 부르는 괴상망측한 영어 노랫소리가 들려왔다.

"나는~미~국~인~이~될~거~야, 나는~미~국~인~이~될~거~야~~~"

나는 뒤집개를 들고 욕실로 뛰어들어 발을 젖히고 호세를 마구 때렸다. 하지만 호세는 더욱 신이 나서 가사를 바꿔 노래를 불렀다.

"나는~미~국~인~이~랑~결혼~할~래, 나는~미~국~인~이~랑~결혼~~~"

얼마 뒤에 광산 입구를 지나면서 그 경비원을 보게 되었다. 나는 그가 차창에 붙은 통행증을 못 보게 손으로 가리고는 머리를 내밀고 이상한 발음으로 말했다.

"나는 미국인이에요."

그러고는 가속 페달을 힘껏 밟아 안으로 들어갔다. 그 사람이 날 싫어하는 건 어쩔 수 없는 일이었다. 왜냐하면 내가 먼저 그를 싫어했으니까.

월초가 되면 인산 회사 출납 창구에는 긴 줄이 늘어선다. 자기 차례가 되어서 사람들을 밀치고 나오는 이들 손에는 지폐가 한 묶음씩 들려 있다. 얼굴에는 햇볕 아래 녹아내리는 딸기 아이스크림처럼 부드러운 미소가 번진다.

우리도 처음에는 회사에 가서 현금으로 월급을 받았다. 진짜 돈을 만지는 즐거움과 은행 입금표를 만지는 기분은 절대로 같을 수가 없었지만 나중에는 줄 서는 게 지겨워서 은행으로 넣어 달라고 했다. 하지만 노동자 대부분은 현금을 원했고 은행 거래를 하지 않았다.

인근 카나리아 제도에서 오는 비행기는 월초만 되면 꽃단장한 여인들을 잔뜩 태우고 날아온다. 그때부터 그들은 대대적으로 사업을 시작한다. 바야흐로 영화 『목로주점』에서 흘러나오는 '돈, 돈, 돈, 돈……'의 아름다운 곡조처럼 동전 소리가 쨍그랑쨍그랑 들려오는 계절이다!

그날 밤 호세는 저녁 근무였다. 내가 데리러 가니까 호세가 회사 식당에서 걸어 나오고 있었다.

"싼마오, 오늘 특근이 있어. 내일 아침에나 집에 갈 수 있겠어. 먼저 가."

"왜 아침에 말 안 했어? 벌써 와버렸잖아."

나는 두꺼운 외투를 여미면서 호세에게 겉옷을 건네주었다.

"배가 들어와서 어쩔 수 없어. 밤샘 작업을 해서 내보내야 내일 아침에 또 세 척이 와서 인산을 실어 가."

"알았어. 나 간다!"

나는 차를 돌리고 전조등을 켰다. 거대한 사막에서 날마다 100킬로미터쯤 달리는 일은 이제 산보하는 것처럼 간단했다.

맑고 상쾌한 밤이었다. 달빛이 망망대해 같은 모래 언덕을 하나하나 비추었다. 꿈처럼 신비로운 초현실파 그림이 떠오르는 광경이었다. 이런 사막의 밤 풍경 속에 있으면 나는 진정으로 살아 있음을 느꼈다!

적막한 길에 헤드라이트를 밝히고 가다 보면 이따금 맞은편에서도 차가 한두 대 지나가고 또 뒤차가 나를 추월해 가기도 했다. 나는 차창을 내리고 가속 페달을 밟아 밤의 풍경 속으로 질주했다.

마을 밖 20킬로미터쯤 되는 곳에서 갑자기 손 흔드는 사람 모습이 전조등 불빛에 잡혔다. 나는 본능적으로 브레이크를 밟고 그 사람과 약간 거리를 두고 서서 전조등으로 그를 비췄다.

이런 야심한 밤에, 이렇게 어울리지 않는 장소에 곱게 단장한 빨간 머리 아가씨가 서 있다니? 귀신을 만난 것처럼 간 떨어질 노릇이었다. 나는 차 안에 꼼짝 않고 앉아 그녀를 살펴보았다.

빨간 머리 아가씨는 손으로 강렬한 전조등 불빛을 가리고 또각또각 하이힐 소리를 내면서 뛰어왔다. 그런데 막상 가까이 와서 나를 보자 타려 하지 않고 머뭇거렸다.

"무슨 일이에요?"

나는 고개를 내밀며 물었다.

"아니에요. 음, 그냥 가세요!"

"차 세우려고 손 흔든 거 아니었어요?"

나는 다시 물었다.

"아니에요. 아니에요. 잘못 봤네요. 고마워요. 빨리 가세요, 고마워요!"

나는 어리둥절해서 그녀를 내버려 둔 채 얼른 출발했다. 이 귀신은 사람을 골라서 잡아먹는 모양이었다. 귀신이 후회하기 전에 빨리 튀자!

도망쳐 오면서 사막 곳곳에서 비슷비슷한 파마머리에 눈두덩은 초록색으로, 입술은 새빨갛게 바른 여자들이 손을 흔드는 모습을 몇 번이나 보았다. 나는 감히 차를 세우지 못하고 어둠 속으로 기를 쓰고 달아났다.

한참을 달리는데 또 자주색 옷에 노란 구두를 신은 여인이 나타났다. 그녀는 생글생글 웃으면서 좁은 길 가운데를 가로막고 서 있었다. 사람이 아닌 귀신이라 해도 밀고 지나갈 수는 없는 법이었다. 어쩔 수 없이 천천히 차를 세우고 전조등으로 그녀를 비추면서 비켜 달라고 클랙슨을 눌렀다.

이 신비로운 여인들은 대체 누구인가!

그녀 역시 또각또각 하이힐 소리와 함께 웃으면서 이쪽으로 달려왔다.

"앗!"

그녀는 나를 보더니 조그맣게 소리쳤다.

"저는 당신이 찾는 사람이 아니에요. 저는 여자예요."

나는 이미 중년이 되어 버린 여인의 분칠한 얼굴을 바라보며 웃음 지었다. 비로소 야밤에 도로에서 손을 흔드는 이 여자들이 누구인지 분명히 알았다. 지금은 바로 월초가 아닌가!

"아, 미안해요."

그녀는 예의 바르게 미소를 지었다.

나는 그녀에게 비켜 달라고 손짓하고는 천천히 차를 움직였다.

그녀는 주위를 한번 둘러보더니 갑자기 뒤쫓아 와서 차를 두드렸다. 나는 차창 밖으로 고개를 내밀었다.

"오늘은 이만 끝내죠, 뭐. 시내까지 좀 태워 주실래요?"

"타세요!"

나는 어쩔 수 없이 그녀를 태웠다.

"사실 난 당신을 알아요. 하얀 사하라위 남자 옷을 입고 우체국에 가서 편지를 부친 적 있죠?"

그녀가 쾌활하게 말했다.

"맞아요. 나예요."

"우리는 매달 비행기를 타고 사막에 와요. 알아요?"

"알아요. 그렇지만 당신들이 교외에서도 일하는 줄은 몰랐네요."

"어쩔 수가 없어요! 시내에서 누가 우리한테 방을 빌려주겠어요? '언니네' 술집도 방이 부족한 판국인데!"

"장사는 잘돼요?"

나는 고개를 흔들며 웃기 시작했다.

"월초뿐이죠, 뭐. 열흘만 지나면 돈이 끊겨요. 그러면 우리도 떠나야죠!"

아주 솔직하고 명랑한 목소리였다. 어떤 유감도 담겨 있지 않았다.

"한 사람에 얼마나 받아요?"

"4천이요. '언니네' 술집에서 방을 빌려 하룻밤 자면 8천이고요."

8천 페세타면 미화 120달러다. 노동자들이 그토록 고생해서 번 피 같은 이렇게 돈을 막 쓰리라고는 생각지도 못했다. 이 여인들이 이렇게 비싸다는 것도.

"남자는 다 바보예요!"

그녀는 등받이에 기대면서 큰 소리로 비웃었다. 마치 큰 성공을 거두고 우쭐대는 여장부 같았다.

나는 대꾸하지 않고 힘껏 차를 몰았다. 어느새 시내의 불빛이 보이기 시작했다.

"내 애인이 이곳 광산에서 일해요!"

"엣!"

"당신도 알걸요. 전기 부서 야간반이에요."

"모르겠는데요."

"애인이 날 불렀어요. 여기가 장사가 잘된다고. 전에는 카나리아 제도에서만 일했는데 그땐 수입이 훨씬 적었어요!"

나는 내 귀를 의심했다.

"당신 애인이 불렀다고요? 장사가 잘될 거라고?"

"나는 벌써 집을 세 채나 샀다고요!"

그녀는 의기양양하게 손가락을 펴고 자주색 형광 매니큐어를 칠한 손톱을 감상했다.

나는 이 여인의 얘기를 들으며 한바탕 웃고 싶은 기분이었다. 그녀는 남자들은 다 바보라면서 자기 힘으로 집을 세 채나 샀다. 딱하게도 사막에서 히치하이커 노릇을 하지만 스스로는 매우 똑똑하다고 여긴다.

창녀, 내 눈에 비친 이 여인에겐 직업도 도덕도 중요하지 않았다. 그저 습관적인 일이었다.

"사실 여기서 기숙사를 청소해도 다달이 2만 페세타는 벌 수 있어요."

나는 부자연스럽게 한마디 했다.

"2만 페세타? 청소하고 침대 정리하고 빨래하고, 죽도록 고생하고 고작 2만 페세타 버는 일을 누가 해요!"

그녀는 깔보듯 말했다.

"내 눈에는 당신이야말로 고생스러워 보이는데요."

나는 느릿느릿 말했다.

"하하하!"

그녀는 쾌활하게 웃어 젖혔다.

이런 귀여운 사람을 만난 게 눈물이나 줄줄 흘리는 창녀를 만난 것보다는 훨씬 편안했다.

시내에 도착하자 그녀는 진심을 담아 고맙다고 인사했다.

차에서 내린 그녀가 몇 발짝 가지 않았을 때 한 노동자가 다가와 그녀의 엉덩이를 툭툭 쳤다. 그녀는 소리를 빽 지르더니 뭐라고 욕을 하고 때리면서 그를 뒤쫓아 갔다. 적막한 밤이 돌연 선연한 물감을 뿌려 놓은 것처럼 농염하고 활발해지기 시작했다.

집으로 돌아와서 책을 보면서도 나는 그 생기발랄한 창녀를 떠올렸다.

황야에 나 있는 단 하나의 아스팔트 길을 나는 날마다 지나간다. 죽은 듯 고요한, 생명도 없고 슬픔이나 즐거움도 없는 듯한 길. 하지만 사실 그 길도 넓거나 좁거나 구불구불한 세상 어느 길이나 마찬가지로 자신을 스쳐 가는 나그네와 이야기를 담은 채 천천히 흐르는 세월을 오고 간다.

내가 그 길 위에서 우연히 만난 사람들과 사건들은 세상 어느 길에서도 있을 수 있는 평범한 일들이다. 특별한 의미도 없고 기록해 둘 만한 것도 아니다. 그렇지만 불교에서는 '백년 인연이 쌓이면 배를 같이 타고 천년 인연이 쌓이면 부부가 된다'고 하지 않았던가. 나와 악수를 나눈 손 하나하나, 찬란한 미소 하나하나, 평범한 말 하나하나를 어떻게 옷깃을 스치는 바람처럼 무심히 흘려보내고 잊어버릴 수 있겠는가?

여기서는 모래 한 알, 돌멩이 한 개도 귀하고 사랑스럽다. 날마다 해가 뜨고 지는 광경도 잊을 수가 없다. 그런데 어떻게 그 생생한 얼굴들을 기억 속에서 지워 버릴 수 있겠는가?

사실 이런 해석도 다 쓸데없는 말이겠지만.

적막한 땅

사람 여덟 명, 차량 두 대, 잘 쳐놓은 텐트 세 채.

저녁 해의 마지막 빛줄기마저 사라져 하늘에는 노을 한 조각도 남아 있지 않았지만 아직 비둘기색 같은 은은한 저녁빛이 감돌고 있었다. 애달픈 황무지에 살을 에는 찬바람이 일기 시작했다. 사막은 밤을 서둘러 펼치는 법이 없다. 뒤쪽에 있는 작은 숲에만 어둠이 드리워져 있었다.

하지만 텐트를 치고 취사도구를 나르느라 아무도 신비로운 대사막의 황혼을 감상할 겨를이 없었다. 이번에는 여자와 아기까지 함께 오느라 출발이 꽤 늦어졌다.

마놀린은 한쪽에 가부좌를 틀고 앉았다. 건장한 체격에 누런 수염을 가슴까지 기르고 늘 입는 낡은 흰 셔츠에 무릎까지 오는 반바지 차림이었다. 머리에는 유대인의 빵떡모자 같은 걸 쓰고 발은 맨발이었다. 마놀린은 인도 수행자처럼 두 손으로 땅을 받쳐 몸을 들어 올린 채 형형한 눈빛을 내뿜을 뿐 아무 말도 하지 않았다.

미카이는 체크무늬 셔츠에 색 바랜 청바지를 깨끗이 빨아 입고 있었다. 짙은 눈썹과 커다란 눈, 날카로운 코에 육감적인 입술이 어우러진 얼굴이었다. 적당한 키에 손이 무척 고운데 언제나 값비싼 사진기를 만지작거리고 있었다. 아무리 뜯어봐도 흠 잡을 데 없는, 코닥 카메라의 선명한 광고 사진처럼 완벽한 모습이었다. 다만 주위 풍경과는 좀처럼 어우러지지 못했다.

아무튼 미카이는 좋은 동료였다. 사람들과 잘 어울리고 유쾌하고 명랑하고 크게 튀지 않고, 말도 많은데 또 말을 참 듣기 좋게 해서 도저히 싸울 수 없는 사람. 그런데 뭔가 부족한 느낌이 드는 남자였다.

제리는 언제나 좀 어색하고 뻣뻣했다. 카나리아 제도에서 온 이 건장한 사내는 어부의 아들로 사람이 두꺼운 마분지처럼 단순했다. 꽤나 고지식해서 지금껏 나하고 직접 이야기를 나눈 적도 없었다. 회사에서도 성실하고 과묵하기로 유명한데 아내로 맞이한 이는 하필 사슴처럼 잘 놀라는 다이오였다.

미용사로 일하던 다이오는 제리와 결혼하는 바람에 어쩔 수 없이 사막에 따라왔다. 다이오도 다른 남자들과 거의 말을 하지 않았다. 이번에도 이 부부는 자기네 새 텐트에 틀어박혀 있었다. 아기가 옹알거리는 소리만 이따금씩 흘러나왔다.

호세는 초록색 반바지에 카키색 셔츠, 발목이 높은 농구화 차림이었다. 두툼한 귀달이 모자를 쓴 채 몸을 숙여 땔감을 줍는 모습이 옛날 러시아 소설에 나오는 고통스러운 농노 같았다. 아무리 봐도 동유럽 사람 같지 스페인 분위기는 조금도 없었다. 호세는 언제나 가장 부지런히 몸을 움직이는 사람이었고 스스로도 그러기를 좋아했다.

이디스는 커다란 바위에 찌푸리고 앉아 담배를 피우고 있었다. 가죽만 남은 듯한 앙상한 얼굴이 황혼 속에서 노르스름하게 빛났다. 눈동자에서는 살짝 신기가 느껴졌고 언제나 나른한 표정에 빈정대는 기색을 담고 있었다. 이디스는 유럽인 동료와 어울리길 싫어하고 자기 민족도 못 견뎌 했는데 희한하게도 호세와는 절친한 친구였다. 몸을 휘감은 커다란 남색 천이 바람에 휘날리며 땅바닥을 타닥타닥 때렸다. 아무리 뜯어봐도 그 또한 사하라위족 분위기는 아니었다. 히말라야 고원이 낳은 티베트인처럼 이디스에게는 한 가닥 신비로움이 새어나왔다.

적막한 땅

나는 한낮에 출발할 때 입고 있던 수영복 위에 호세의 커다란 외투를 걸치고 무릎까지 오는 하얀 털양말도 신었다. 땋은 머리는 이미 산발이 되어 있었다. 나는 꾸무럭대며 달걀 한 판을 깨는 중이었다.

다이오는 텐트 안에 틀어박혀 있었다. 다이오는 사막의 모든 것을 두려워했고 이디스도 두려워했다. 이번에 우리 야영에 합류한 것은 어쩔 수 없는 선택이었다. 어머니가 카나리아 제도로 돌아가고 없는데 제리는 여기 오겠다니 아기와 단둘이 집에 남아 있기도 무서워서 이렇게 참담한 기분으로 따라온 것이다. 한 달 된 아기를 안고 있는 모습이 보기에도 안쓰러웠다. 다이오는 사막 생활과는 인연이 없었다.

호세가 모닥불을 피우자 나는 달걀을 깨다 말고 뒤쪽 숲으로 뛰어갔다.

말이 별로 없는 이디스가 갑자기 소리쳤다.

"어디 가요?"

"땔—감—주—우—러—요—"

나는 고개도 돌리지 않고 대답했다.

"숲에 들어가지 마요!"

뒤에서 고함 소리가 바람에 실려 왔다.

"괜—찮—아—요—"

나는 그대로 뛰어갔다.

숲속에 뛰어들어 고개를 홱 돌려 보니 사람들이 모래 위에 흩어진 바둑알처럼 조그맣게 보였다. 이상하다, 방금 전에 저기 있을 때는 어떻게 텐트 바로 뒤에서 바람이 나뭇가지를 흔드는 소리가 쏴아쏴아 들렸지? 가깝게 느껴졌는데 막상 와보니 꽤 멀찍이 떨어져 있었다.

숲속에는 무성하게 자란 나무들이 어지러이 뒤얽혀 있었다. 조금 있으니 어둠에 익숙해졌다. 솔가지 몇 개를 주우러 왔는데 목마황만 가득했다. 나는 앞으로 더 나아가 그늘 속까지 깊숙이 들어갔다. 어슴푸레한 가운데 수풀 속에서 전혀 예기치 않은 것이 눈앞에 불쑥 나타났다.

그것은 고요히 서 있는 하얀 돌집이었다. 둥그런 지붕에 창문은 없고, 문짝 없는 입구만이 깜깜한 동굴처럼 괴괴하고 신비스러운 입을 조용히 벌리고 있었다. 거친 생명의 숨결을 품은 괴수가 그 안에 가만히 웅크리고 있을 것만 같았다.

쏴쏴 바람이 지나갔다가 또 쏴쏴 돌아왔다. 사방에 그림자가 어른거렸다. 음산한 기운에 더럭 겁이 났다.

나는 어색하게 침을 꿀꺽 삼키고는 작은 집을 뚫어져라 바라보며 뒷걸음치다가 서둘러 숲을 빠져나가며 나뭇가지 하나를 되는 대로 끌어당겨 칼로 반을 베어냈다. 가지를 힘껏 당기며 다시 한번 몸을 돌려 그 신비로운 곳을 흘깃 보는데 왠지 아는 장소처럼 느껴졌다. 꿈속에서 본 듯 익숙한 정경이었다. 멍하니 서 있는데 또 숲속에서 누군가 가만히 한숨 쉬는 듯한 야릇한 소리가 들려왔다. 순간 머리털이 쭈뼛 곤두섰다. 나는 나뭇가지를 질질 끌며 도망치듯 숲을 빠져나왔다. 뒤에서 차가운 무언가가 저벅저벅 쫓아오는 느낌이 들었다. 얼마를 달렸을까, 멀리 호세가 피운 모닥불에서 갑자기 콰르릉 소리가 나며 불길이 솟아올랐다. 막 떨어진 저녁 해를 집어삼킬 기세였다.

"기름 들이붓지 말라고 했더니 또 그랬어!"

헐레벌떡 불가로 뛰어왔지만 불길은 이미 하늘 높이 치솟고 있었다.

"솔가지 기다리다 불길이 죽어서 살리려고 했지."

"솔가지가 아니라 목마황이더라고."

나는 여전히 헐떡이며 말했다.

"그거 하나 가져온 거야?"

"저 숲속, 이상하게 찝찝해. 배짱 있으면 당신이 가!"

나는 소리를 빽 질렀다.

"칼 줘요, 내가 가서 베어 올게요."

마놀린이 요가 자세를 풀고 내 손에서 큰 칼을 넘겨받았다.

"가지 말지!"

이디스가 나른하게 한 마디 했다.

"숲속에 작은 집이 하나 있는데 정말 으스스해요. 가서 좀 봐요."

마놀린은 기어이 숲으로 갔다. 그리고 얼마 있다가 나뭇가지 한 무더기를 끌고 나타나서 이렇게 말했다.

"어이, 저 숲속 뭔가 이상한데."

"사막에 있는 가시덤불로도 충분해, 그만 가도 돼."

호세가 아무렇지 않다는 듯 얼버무리기에 나는 고개를 들어 마놀린을 곁눈질했다. 마놀린은 말없이 땀을 훔치고 있었다. 이렇게 싸늘한 저녁인데.

"미카이, 꼬치 꿰는 거 도우러 왔어요."

나는 쪼그리고 앉아 바비큐 꼬치를 늘어놓으며 제리의 텐트를 돌아보았다. 벌써 가스램프가 밝혀져 있었지만 아무런 기척도 나지 않았다.

저녁밥이 다 준비되자 나는 달걀을 깼던 양푼을 살그머니 들고 허리를 구부린 채 빙 돌아 제리의 텐트 뒤로 달려갔다.

"리에닌이 나타났다!"

나는 버럭 소리를 지르며 꼬치로 양푼을 마구 두드렸다.

"싼마오, 놀래지 마요!"

텐트 안에서 다이오가 비명을 질렀다.

"밥 먹으러 나와요, 자, 나와 봐요!"

텐트를 열어 보니 다이오는 겉옷을 걸친 채 웅크리고 있고 제리는 아기를 바닥에 눕혀 놓고 젖병을 물리고 있었다.

"안 나갈래요!"

다이오가 고개를 흔들었다.

"깜깜해져서 아무것도 안 보여요. 보이는 게 없으면 무서울 것도 없잖아요. 사막 말고 딴 데 있는 셈 치면 되죠. 나와요, 얼른!"

여전히 망설이는 다이오에게 내가 또 말했다.

"밥 안 먹어요? 먹으려면 나와야 돼요."

다이오는 겨우겨우 밖을 내다보더니 눈이 휘둥그레졌다.

"불 피웠어요. 겁낼 것 없어요."

미카이도 소리쳐 불렀다.

"제리……"

다이오가 남편을 돌아보았다. 제리는 아기를 안아 올리고 아내를 끌어안으며 다독이듯 말했다.

"괜찮아, 우리도 나가 보자."

다이오는 밖으로 나와서 자리에 앉자마자 또 소리를 지르기 시작했다.

"이게 뭐지, 왜 이리 시커메요. 낙타 고기구나…… 으—으아—"

순간 다들 웃음을 터뜨렸다. 이디스만이 슬그머니 짜증을 드러냈다.

"소고기예요. 간장 때문에 그래요. 겁먹지 말고, 자, 먼저 먹어 봐요."

꼬치를 건네자 제리가 아내 대신 받아 들었다.

호세가 불을 너무 활활 지펴 놓아 바비큐 꼬치를 조금씩 나눠 구워야 했다. 안 그랬으면 눈썹을 홀랑 태워 먹었을 거다.

주위는 쥐 죽은 듯 고요했다. 고기를 굽느라 모닥불 위로 똑똑 기름 떨어지는 소리만 났다.

"천천히 들어요. 오므라이스도 있어요."

나는 또 달걀을 깨기 시작했다.

"싼마오가 이래요. 손이 얼마나 큰지. 음식을 할 때마다 목구멍까지 꽉꽉 채워 먹인다니까요."

호세가 말했다.

"난 남들 배고파하는 건 못 봐요. 하하! 양파 먹어요?"

다이오에게 묻자 그녀는 얼른 고개를 저었다.

"자, 그럼 양파 안 섞고 채소만 한 대접 버무리고, 양파 가득 넣어 한 대접 더 만들게요."

"귀찮을 텐데."

미카이가 혀를 차며 한숨을 쉬었다.

"한밤중에 불이 약해지면 고구마나 좀 넣어 둬요. 매번 그렇게 먹었죠?"

"잠은 안 자는 거예요, 설마?"

다이오가 물었다.

"자고 싶으면 자고 자기 싫으면 말고, 자기 맘이죠. 자고 일어나든 안 일어나든 그것도 내키는 대로."

나는 웃으며 다이오에게 바비큐 한 꼬치를 더 건넸다.

"우린 자야 되는데."

다이오가 겸연쩍게 말했다. 맞장구치는 사람은 아무도 없었다. 뭐든 자기 마음이니까!

밥을 다 먹고 뒷정리를 하는데 다이오가 잘 자라고 하며 제리를 끌고 자리를 떴다.

그들이 불가 밖으로 나가자 갑자기 장난기가 솟구쳤다. 나는 다이오를 향해 고함을 질렀다.

"아악— 뒤에서 커다란 눈알이 노려본다!"

다이오는 제리와 아기를 놓고 비명을 지르며 쭈그려 앉았다.

"싼마오, 당신도 참……."

마놀린이 나를 흘겨보았다.

"미안, 미안해요. 일부러 그랬어요."

나는 무릎에 얼굴을 파묻고 정신 나간 사람처럼 꺽꺽대며 웃었다. 이것도 병이다.

싸늘한 밤, 모닥불은 계속 타올랐다. 호세와 나는 좀 더 앉아 있다가 우리의 조그만 텐트 속으로 들어갔다.

우리는 각자 침낭에 들어가 얼굴만 내밀고 이야기를 나눴다.

"여기 이름이 뭐야?"

"이디스가 확실히 말을 안 해줬어."

"진짜 수정이 있나?"

"지난번에 갖다준 게 여기서 주워 온 거라던데. 그러니까 있겠지 뭐."

침묵이 흐르고 호세가 돌아누웠다.

"자?"

"응!"

"내일 아침에 나 깨워 줘. 잊으면 안 돼, 알았지!"

나도 돌아누워 호세와 등을 맞대고 눈을 감았다.

한참이 지나자 호세 숨소리가 잦아들었다. 잠든 모양이었다. 텐트를 살짝 들어 보니 불가에 아직도 세 남자가 앉아 있

적막한 땅

었다. 미카이가 이디스에게 뭐라고 가만가만 말하는 모습이 보였다.

나는 다시 자리에 누워 대사막의 바람이 우는 소리를 들으며 한참을 있었다. 바람에 텐트가 퍼덕퍼덕거렸다. 텐트를 고정한 못이 헐거워지며 텐트 천이 얼굴을 덮어 숨이 막혔다. 나는 아예 일어나서 긴 치마와 두꺼운 겉옷을 챙겨 입고 침낭을 끌어 안고는 호세를 넘어 살그머니 텐트를 열고 밖으로 나갔다.

"어디 가?"

호세가 나직하게 물었다.

"밖에."

나도 나지막이 대답했다.

"밖에 아직도 누가 있어?"

"세 사람이 잠을 안 자네!"

"싼마오……."

"응?"

"다이오 좀 놀래지 마."

"알았어, 자."

나는 침낭을 안고 맨발로 살금살금 불가로 갔다. 바닥에 침낭을 잘 깔고 다시 들어가 누웠다. 세 사람은 아직도 두런두런 이야기를 나누고 있었다.

별도 달도 없는 하늘, 까맣게 얼어붙은 듯한 밤이었다. 바람이 쌩하니 불어오자 뒤쪽에서 또 숲이 쏴아쏴아 흔들렸다.

"대마초에 절어 있는 사람 말을 어떻게 믿어."

미카이가 이디스와 나누는 이야기는 내가 못 들어 본 내용이었다.

"원래 안 피우다 나중에 중독된 거라는데 정신이 또렷한 적이 있어야지. 그 영감 가게 봤지? 얼마나 엉망인지."

이디스가 말했다.

나는 침낭을 빼꼼 열고 그들을 곁눈질했다. 불빛에 비친 이디스의 구릿빛 얼굴에는 아무런 표정도 없었다.

"하나 영감 얘기하는 거예요?"

내가 살며시 물었다.

"당신도 알아요?"

미카이가 놀란 듯 물었다.

"왜 모르겠어요. 몇 번을 부탁하러 갔는데 거들떠보지도 않더라고요. 그 영감님, 언제나 커다란 새마냥 궤짝 위에 몽롱하게 쭈그리고 있잖아요. 잔돈은 그냥 바닥에 흩어져 있고. 하나 영감 대신 물건도 두세 번 팔았다니까요. 손님에는 신경 안 쓰고 늘 여행 중이에요."

"여행이요?"

미카이가 또 물었다.

"싼마오 말뜻은, 대마초 연기 속을 떠돌고 있다는 뜻이지."

마놀린이 한 마디 보탰다.

"한번은 또 가서 이렇게 부탁했어요. '하나 영감님, 리에닌에 가는 길이라도 좀 그려 주세요. 우리끼리 찾아갈게요.' 그날은 하나 영감 정신이 멀쩡했는데 내가 그 말을 하니까 난데없이 울기 시작하는 거예요······."

나는 몸을 뒤집어 침낭에 엎드려 낮은 소리로 말했다.

"왜 굳이 하나 영감한테 갔어요?"

이디스가 뭔가 못마땅한 듯 물었다.

"하나 영감이 젊었을 때 리에닌 무덤지기였다는 거 몰라요?"

나는 눈을 동그랗게 뜨고 되물었다.

"우리 일족 사람이면 다 길을 알아요."

이디스가 또 말했다.

"다른 사람은 감히 안내할 엄두도 못 내잖아요. 이디스, 당신은요? 당신이 데려가 줄래요?"

나는 또다시 목소리를 낮췄다.

이디스는 애매하게 웃기만 했다.

"어이, 그 리에닌이란 거, 자네 일족은 진짜 믿어?"

미카이가 이디스에게 가볍게 물었다.

"믿는 사람한테는 있는 거고 안 믿는 사람에겐 아무것도 아닌 거지."

"당신은요?"

나는 다시 고개를 들고 이디스에게 물었다.

"나요? 딱히 뭐."

"믿는지 안 믿는지 확실히 말해 봐요."

이디스는 또다시 애매한 웃음을 지으며 말했다.

"알잖아요, 난……."

"당신은 돼지고기도 먹잖아요."

내가 반박했다.

"그거랑은 달라요."

이디스가 손을 휘저으며 웃었다.

"그때 하나 영감이 울기 시작했다면서요……."

마놀린이 아까 못 다한 이야기를 다시 끄집어냈다.

"난 길을 안내해 달라고만 했는데 하나 영감이 양손을 마구 흔들며 이러는 거예요. '부인, 거기는 금지 구역이에요. 외부인은 가면 안 돼요. 2년 전에 내가 기자 한 명을 데리고 가서 사진을 찍고 왔는데 글쎄 우리 마누라가 급사했다고요. 리에닌이 벌을 내린 거야. 돈 몇 푼 탐내다가 우리 할멈 목숨을 바쳤다고……' 그러더니 갑자기 막 발을 구르면서 통곡하지 뭐예요. 그날은 대마초도 안 피운 것 같았는데…….”

"그 할머니 돌아가실 때 온몸이 시커메지고 콧구멍에서 구더기가 나왔대요!"

미카이가 말했다.

"장작 좀 더 넣을까요?"

나는 침낭 속으로 몸을 움츠리며 그만 입을 다물었다. 우리 네 사람은 말없이 서로를 보고 있었다. 불가를 벗어나면 어디가 하늘이고 어디가 땅인지 분간할 수 없었다. 귀신 울음소리처럼 구슬픈 바람이 또다시 휘잉 불어왔다.

한참 만에 이디스가 다시 입을 열었다.

"땅이 진짜로 갈라졌어요. 매번."

"본 적 있어요?"

이디스는 음산한 표정으로 고개를 끄덕이고는 불가 밖으로 눈을 돌렸다.

"예전에는 늘 하나 영감이 소식을 알리러 며칠 밤낮을 달려왔어요. 저 멀리서 마을에 들어서기도 전부터 이렇게 소리쳤죠. '또 갈라졌어! 또 갈라졌어!' 그 소리만 들으면 일족이 다 혼비백산했다니까요. 진짜 무서웠어요. 그러면 며칠 안에 반드시 누가 죽었거든요. 한 명뿐이 아닐 때도 있었어요!"

"매번 죽었어요? 틀림없이?"

"네, 매번 그랬어요. 지금은 아무도 무덤을 안 지켜요. 그러니까 오히려 마음이 편해요."

"아직도 땅이 갈라지나?"

마놀린이 물었다.

"그럼, 누가 죽어서 묻으려고 가보면 언제나 입을 쩍 벌리고 기다리고 있다고."

"우연이겠죠, 땅이 너무 말라서 그래요!"

말은 이렇게 했지만 나도 내 말에 확신이 없었다.

"시멘트를 꽉꽉 바른 바닥인데, 지진도 아닌데 그렇게 갈라진다고요?"

"에이, 조금 전만 해도 딱히 안 믿는다면서요. 왜 또 그렇게 단언해요."

"직접 봤으니까요. 그것도 여러 번."

이디스가 천천히 말했다.

"맙소사! 리에닌이 누굴 무덤으로 보냈는데요?"

내가 물었다.

"내 아내요…… 내 아내도 거기 묻었어요. 열네 살이었고 임신한 상태였죠."

이디스는 남 얘기 하듯 덤덤했다.

적막한 땅

다들 깜짝 놀라 아무 말도 못 한 채 멍하니 이디스를 보고만 있었다.

"무슨 얘기들 하는 거야?"

호세가 슬그머니 나오다가 나무판자를 걷어찼다.

"휴, 리에닌 얘기 하고 있어!"

"그놈의…… 어이, 미카이, 차 좀 건네줘!"

불빛 주위로 다시 침묵이 흘렀다. 나는 침낭에 엎드린 채 이디스를 불렀다.

"이디스……."

"네?"

"왜 리에닌이라고 불러요? 무슨 뜻이에요?"

"리에닌이란 게 예전에는 아주 많았어요. 대사막에 사는 혼령이라고 할 수 있는데 하사니아어*로 '영혼'이라는 뜻이에요. 원래 사막 오아시스의 수풀에서 살다가 오아시스가 점점 줄어드는 바람에 남쪽으로 옮겨 갔대요. 최근 수십 년간 서사하라에는 딱 하나가 산다고 들었어요. 바로 무터 일족의 묘지가 있는 곳에요. 그 뒤로 다들 리에닌 리에닌 하다 보니 그 혼령하고 묘지를 다 리에닌이라고 부르게 됐어요."

"자네 성이 무터 아냐?"

---

* 서사하라와 모리타니 사람들이 많이 쓰는 아랍어의 일종

호세가 말했다.

"방금 얘기했어. 부인이 거기 묻혔대. 당신은 못 들었어."

나는 살그머니 호세에게 귀띔해 주었다.

"무터 일족은 왜 거기를 묘지로 고른 거지?"

"실수지 뭐. 한꺼번에 일곱 명을 묻은 적이 있는데 나중에 리에닌이 거기 산다는 걸 안 거야. 게다가 땅이 갈라지며 일족의 죽음을 예고하니 감히 옮길 엄두가 나겠어? 그냥 해마다 제물을 바치는 거지!"

"사진 본 적 있어요."

내가 낮은 목소리로 말했다.

"리에닌 사진을요?"

미카이가 소스라치게 놀랐다.

"하나 영감이 데려갔다는 그 기자가 찍은 사진이에요. 그 혼령을 찍은 건 아니고 묘지 사진이었어요. 바깥 사진은 없고 묘지 안쪽 사진만 여러 장 있더라고요. 그냥 작은 시멘트 바닥인데 위에 빨강하고 검정 줄무늬가 있는 거친 천이 덮여 있었어요. 딱히 뭘 찾아내진 못했어요. 땅에 갈라진 구멍도 없었고요. 벽에는 이름이 가득 써 있었어요."

"묘지가 왜 벽 속에 있지?"

호세가 물었다.

"원래는 뭘 지은 게 아니라 돌로만 둘러쌌어. 그런데 죽은 사람을 묻은 바로 그 위쪽만 줄창 갈라지는 거야. 나중에 가보면 갈라진 땅속엔 백골조차 없고. 그러니까 그 갈라진 곳에 또 다른 시신을 묻었지. 백 년이 지나도록 그 작은 땅 한 조각이 채워지지 않았어. 싼마오가 누운 침낭 몇 개 붙인 크기밖에 안 되는데. 결국 온 일족의 죽은 사람을 계속 거기다 묻게 됐지."

이디스가 내 침낭을 가리키자 나는 온몸이 굳어 버리는 기분이었다. 등을 땅에 붙이고 누운 채 움직일 수가 없었다.

"자세히 안 찾아 본 거겠지! 사막에서는 시신이 거의 썩지 않는다며!"

미카이가 말했다.

"사람을 묻으려면 꽤 깊이 파야 돼. 밑에 진짜 아무것도 없었어."

"장작 좀 더 넣어 줘요, 마놀린!"

내가 소리쳤다.

"그래서 나중에 벽을 쌓고 바닥에 시멘트를 바르면 다시는 갈라지지 않을 줄 알았구나, 맞지? 하하!"

호세가 느닷없이 웃음을 터뜨렸다. 그 바람에 들고 있던 찻물이 불 위에 쏟아져 치지직거리자 다들 화들짝 놀랐다.

"자네는 안 믿어?"

마놀린이 호세에게 살며시 물었다.

"사람이란 결국 다 죽는 거야, 땅이 갈라지든 안 갈라지든. 하물며 무터 같은 큰 일족이야 뭐."

"무터 일족 묘지에는 리에닌이 있어서 조짐을 알려 주는데 싼마오네 집 근처에 있는 그 커다란 묘지 두 곳에는 없나 몰라."

미카이가 말했다.

"이봐요, 함부로 말하지 마요. 우리 집 근처 묘지는 아주아주 조용해요."

"쉿, 목소리 좀 낮춰."

호세가 나를 툭툭 치고는 내가 뻗은 팔을 침낭 속으로 도로 집어넣었다.

"여기 사람들도 이상해. 무터네 그 묘지에는 같이 묻지 않잖아."

"무터 일족이 아니면 리에닌이 거기 묻지 못하게 하겠지. 제물을 바치는 게 다 무터 일족이니까 리에닌도 그들만 알고 다른 사람은 막는 거 아니겠어!"

"이런 일도 있었어. 다른 일족 삼부자가 여행하다가 도중에 아버지가 병사했어. 그런데 마침 리에닌 근처에 있었던 거야. 아들들은 아버지를 무터 일족 묘지에 같이 묻었지. 그때는 시멘트를 안 바르고 무덤에 돌덩이 몇 개만 올려놨을 때야. 그런데 두 아들이 낙타를 매어 놓은 곳으로 돌아와 보니까 거기 새 무덤이 생겨나 있더래. 사람 그림자도 볼 수 없는 곳인데. 두 아들은 영문을 몰라 무덤을 파헤쳐 봤지. 그런데 그 속에서 멀찍이 묻어 놓은 아버지가 불쑥 나타난 거야. 허둥지둥 리에닌으로 달려가 보니 아버지를 묻었던 무덤이 텅 비고 아무것도 없더래……."

"그 다음은 내가 말할게."

미카이가 소리쳤다.

"아들들이 아버지를 다시 그리로 모셔가 묻고 돌아와 보니 또 새 무덤이 길을 막고 있더래. 열어 보니 역시 아버지가…… 그래서 아들들은……."

"미카이 당신이 어떻게 아는데요?"

내가 말을 자르며 끼어들었다.

"나도 들은 적이 있죠, 회사 운전기사 라비의 조상 얘기거든요. 라비가 동네방네 떠들고 다녔어요. 다들 기분이 나빠지기 시작하면 그제야 입을 다물었죠."

"어이, 호세, 고구마 좀 구울까?"

내가 머리를 내밀며 말했다.

"어디 있는데?"

"통 속에 아주 많은데. 불 켜고 열어 봐."

"못 찾겠어."

호세가 저쪽에서 부스럭거리며 말했다.

"빨간 통 말고 파란 통이야."

"와서 찾아봐. 당신이 뒀잖아."

"못 일어나겠어."

사방에 보이는 거라곤 까만 어둠뿐이었다. 불빛 바깥 어둠 속에서 천 개의 눈이 깜빡이고 있을 것만 같았다.

"얼마나 구울까?"

호세가 또 물었다.

"다 굽자. 남으면 내일 아침으로 먹지 뭐."

몇 사람이 고구마를 모닥불 속에 묻었다. 침낭 속에 움츠리고 있는 내 눈에 헛것이 보였다. 그들은 시신 일곱 구를 묻고 있었다. 모두 무터 일족이었다.

"회사 사람 얘기를 하자면 그 엔지니어도 있잖아."

미카이가 다시 입을 열었다.

"누구?"

"경찰서장 큰아들."

"미카이, 너무 엉뚱한 사람인데요."

"내가 사막에 좀 더 일찍 왔잖아요. 당신은 못 들었겠지만

난 상관이 있어요."

미카이가 이야기를 이어 갔다.

"두 사람이 커다란 사구를 찾아갔다가 길을 잃고 돌아오지 못했어. 아버지가 경찰을 데리고 찾으러 가서 이틀 뒤에 숲속에서 찾아냈는데 갈증이나 더위로 죽지 않고 무사했대. 차에 기름이 떨어져 오도 가도 못했던 거지. 하나는 멀쩡했는데 경찰서장 아들은 이미 미쳐 있었어."

"아, 원래 좀 정상이 아니라던데."

"천만에, 내가 아는데 원래 멀쩡했어. 그때 사막에서 진짜 미쳐 버린 거야. 입에 거품을 물고 이리저리 날뛰면서 계속 귀신이 자길 쫓아다닌다고 했대. 억지로 수면 주사를 놨지만 잠을 자도 좋아지지 않고 또 눈에 핏발이 서서 며칠을 난동을 부리는데 곧 죽을 것 같더래. 현지인이 차마 못 보겠어서 이맘한테 데려가게 했더니, 이맘이 메카로 가서 경배하라 하더래. 어머니가 반대했지. 천주교 신자가 무슨 메카냐고. 그런데 오히려 마을 신부는 심리 치료인 셈이니 가라고, 메카에 가서 경배하고 병이 낫는 것도 하느님 뜻이라고……."

"무슨 그런 이상한 신부가 다 있어요? 마을 신부랑 이맘은 줄곧 원수처럼……."

"싼마오, 자꾸 딴소리 할래요?"

미카이가 기분 나빠 하며 말을 멈추었다.

"그래서……."

"그래서 나중에 메카로 가서 경배인지 뭔지 하긴 했지. 리에닌은 메카에 안 따라가고 떠나 버렸대. 결국 그를 놔준 거야."

"심리 치료 맞네. 사막 하면 메카지. 다른 종교는 어울리지 않아."

호세는 또 믿기지 않는 듯 웃기 시작했다.

미카이가 아랑곳하지 않고 다시 말했다.

"병은 나았지만 뼈와 가죽만 남았지. 사람이 음침해져서 온종일 우울해하다가 반년도 안 되어 죽고 말았어."

"숙소에서 총을 삼켰잖아요, 그날은 마침 남동생이 스페인에서 결혼식을 올리는 날이라 부모님도 스페인으로 돌아가고 없었고. 맞죠?"

내가 가만히 물었다.

"총을 삼켜요?"

미카이가 어리둥절해하며 나를 보았다.

"중국식 표현인가, 권총을 입에 넣고 탕 쏜 거 아니에요?"

"그게 삼킨 거죠!"

"애인이 형을 차버리고 동생하고 결혼했다던데. 그러니까 살맛이 안 나지, 리에닌한테 끌려간 게 아니라고."

적막한 땅

호세가 말했다.

"누가 그래?"

나는 미심쩍게 호세를 바라보았다.

"나."

"에이……."

나는 한숨을 쉬었다.

"사막 군단도 리에닌 얘길 하면 침을 퉤퉤 뱉던데, 재수 없다고."

내가 또 말했다.

"수십 년 전에 사막 군단이 주인 없는 낙타 행렬을 손에 넣었다는 얘기도 들었어. 어떤 리에닌이 다른 리에닌에게 보내는 선물이었대!"

"이건 안 무서운 얘기네. 인간미가 있어."

나는 깔깔 웃었다.

"이디스."

한동안 침묵하던 마놀린이 갑자기 입을 열었다.

"담배 줘?"

"그 리에닌이란 놈, 도대체 어디 있을까?"

마놀린의 묵직한 목소리에는 의심이 깃들어 있었다.

"글쎄, 뭐라고 해야 하나…… 사막은 다 똑같은 거지 뭐."

이디스는 당췌 엉뚱한 소리를 하기 시작했다.

"고구마 작은 건 다 익었는데, 먹을 사람?"

불가에서 호세가 물었다.

"하나 줘봐."

내가 대답하자 호세가 고구마 하나를 건넸다. 나는 반쯤 일어나 앉아 고구마를 받다가 손을 델 뻔해서 미카이에게 넘겼고 미카이도 뜨거워하며 이디스에게 보냈다.

"하하, 이거야말로 '뜨거운 감자'잖아. 아무도 못 집네."

혼자 히죽거리고 있는데 또 하나가 내 손에 건네졌다. 나는 뜨거운 고구마를 모래땅에 내려놓았다.

고구마 덕분에 시끌벅적하다 보니 주위에 깔려 있던 음산한 기운이 많이 흩어진 듯했다. 호세가 모닥불에 마른 가시덤불을 더 넣자 불길이 다시 살아났다.

순간 제리의 텐트가 갑자기 요동을 치더니 우당탕 뭐가 부딪히고 떨어지는 소리가 났다. 이어서 아기가 텐트가 떠나가라 울기 시작했다.

"제리, 무슨 일이야?"

호세가 소리쳤다.

"싼마오가 텐트 뒤쪽을 덮쳐서 아기를 깨웠어요."

다이오가 처량한 목소리로 외쳤다. 가스램프가 켜졌다.

적막한 땅

"나 아니에요. 난 여기 있어요."

내 말에 다이오는 부르르 몸서리를 치더니 와들와들 떨기 시작했다. 다들 다이오의 텐트로 달려가고 나 혼자 불가에 남아 비스듬히 누워 있었다.

"잘 자고 있는데 숲을 향한 텐트 뒤쪽 면에서 픽! 하는 괴성이 나는 거야."

제리가 설명하자 미카이가 커다란 손전등을 비추었다.

"음, 여기 발톱 자국이 쫙 나 있네! 아주 선명해. 와서 봐."

미카이의 외침을 듣고 나는 벌떡 일어나 앉았다. 곧이어 다이오가 지르는 비명이 들리고 남자들은 모두 어둠 속으로 달려갔다.

"빨리 불가로 와요, 빨리!"

다이오가 백지장 같은 얼굴로 비틀거리며 달려왔다. 품에 안은 아기는 진정이 되었는지 울음을 그친 상태였다.

"늑대인가? 코요테 있는 거 아니에요?"

다이오는 나에게 등을 기대고 앉았다. 여전히 부들부들 떨고 있었다.

"그런 거 없어요. 한 번도 못 봤어요. 걱정 마요."

남자들이 돌아오고 있었다. 나는 천천히 걸어오는 그들을 응시하며 느릿느릿 말했다.

"무서운 건 사실 늑대가 아니지……."

"싼마오, 몇 시예요?"

"몰라요. 호세 오면 물어볼게요."

"네 시 반이에요."

이디스가 나직하게 말했다.

"헉, 간 떨어질 뻔했네. 발톱 자국 찾으러 같이 안 갔어요? 왜 등 뒤에서 튀어나와요."

나는 까무러치게 놀라 소리를 질렀다. 다이오는 본래도 사하라위족을 무서워했는데 이번에는 더더욱 기겁했다.

"난…… 안 갔어요."

이디스는 뭔가 불편한 기색이었다.

이때 세 남자가 돌아왔다.

"들개야!"

호세가 말했다.

"여기 웬 개야?"

"그럼 뭐가 있길 바라는 거야?"

호세 목소리가 좀 이상했다. 갑자기 긴장한 기운이 느껴졌다. 뭔가 미심쩍었지만 신경 쓰지 않기로 했다.

또다시 죽은 듯 고요해졌다. 제리가 텐트로 들어가 담요 석 장을 들고 나왔다. 제리는 바닥에 한 장을 깔아 다이오와 아기를 눕히고 두 장을 덮어 주었다. 그리고 아내 머리를 가만히 쓰다듬어 주었다.

"다시 잘래!"

다이오가 조용히 말하고는 눈을 감았다.

우리는 고구마 껍질을 살살 벗겨 먹었다. 그리고 불을 헤집으며 고구마를 뒤집어 말랑하게 익은 것들은 바닥에 늘어놓았다.

"나무 더 넣어요!"

나무 더미 옆에 앉은 미카이에게 소리치자 미카이가 가시덤불 몇 가지를 더 넣었다.

또다시 적막이 흘렀다. 나는 손으로 턱을 괴고 엎드려 불꽃이 춤추는 모습을 지켜보았다. 이디스도 누웠다. 마놀린은 여전히 무릎을 꿇고 앉아 있고 미카이는 불 지피느라 여념이 없었다.

"이디스, 리에닌이 자네는 무덤 안내 못 하게 해?"

마놀린이 이미 흩어진 화제를 또 끄집어냈다.

이디스는 대답이 없었다.

"자네가 안 되면 그 귀신눈알이라는 여자는 해도 되나?"

미카이도 끼어들었다.

"하나 영감이 외지인을 한번 안내했다가 아내가 죽었잖아요. 누가 감히 하려 들겠어요."

내가 살그머니 외쳤다.

"멋대로 끼워 맞추지 마. 하나 영감은 안 죽었잖아. 그 기자도 안 죽었고. 무덤에 가지도 않은 부인이 죽은 거라고……."

호세가 소리를 낮추어 말했다.

"기자…… 기자도 죽었어."

마놀린이 나직이 한 마디 던졌다. 이건 또 웬일인가. 다들 깜짝 놀라 굳어 버렸다.

"차 사고로 죽은 지 1년이 다 되어 가."

"어떻게 알았어?"

"그 기자가 일하던 잡지에 짤막하게 실렸어. 무심결에 본 거야. 생전에 어떻게 살았는지 좋은 말도 써 있었어!"

"리에닌 얘기하는 거야?"

제리가 슬며시 끼어들어 이디스에게 물었다. 그러면서 우리에게 그만하라는 손짓을 했다. 다이오는 잠을 못 이룬 채 눈만 떴다 감았다 하고 있었다.

우리는 다시 침묵에 빠져들었다. 사막 한복판에 들어와 있으면 꼭 이런 때가 있다.

우리가 와 있는 사막은 항상 해가 늦게 뜨는 곳이었다. 아침 일고여덟 시까지는 날이 밝지 않았다. 밤은 아직도 많이 남아

적막한 땅

있었다.

"귀신눈알 말이야, 그 여자가 진짜 뭘 본 건가?"

미카이가 이디스에게 낮은 목소리로 물었다.

"다른 사람 눈에는 안 보이고 오직 그 여자 눈에만 보이나 봐. 처음에는 자기도 몰랐대. 그런데 장사지내는 데 한번 따라갔는데, 대낮인데도 갑자기 뭐에 씌었는지 이런 말이 나오더래. '아이고, 어디서 저렇게 많은 천막과 양떼가 왔을까……' 그러더니 또 빈 땅을 가리키며 이러더래. '봐, 저들이 천막을 거두고 옮겨 간다, 낙타를 몽땅 끌고…….'"

"말도 안 돼요, 그 얘긴 못 믿겠네."

"말 돼요. 알지도 못하는 죽은 사람이 그 여자를 통해 마을로 돌아와 식구들에게 물었다고요. 진짜 한참 전에 죽은 사람인데 자기 딸이 어디로 시집갔느냐고요."

"그런 사람 중국에도 있어요. 사기꾼이에요!"

"귀신눈알은 돈을 원하지 않아요. 부자거든요!"

"그 여자가 리에넌을 봤대요?"

"나뭇가지에 걸터앉아 흔들거리며 시신 묻는 걸 보고 있었대요. 그리고 웃으면서 자기한테 손짓을 하더래요. 귀신눈알은 혼비백산해서 스스로 낙타를 사서 제물로 바쳤어요."

"맞아, 그 제단이 아무리 해도 꽉 차지 않았다는 얘기도 있잖아!"

미카이가 말했다.

"제단도 진짜 이상하지. 보니까 그냥 평평한 큰 돌이야. 웬만한 탁자보다 작아서 낙타 한 마리를 잡아도 다 올려놓기 힘든데 열 마리를 바쳤는데도 고기가 가득 차지 않았어."

"리에닌이 욕심이 많네!"

나는 가만히 말했다.

그때 어디선가 기괴한 바람이 한바탕 불어왔다. 금세 사그라질 것만 같던 모닥불 불길이 갑자기 내 쪽으로 화르륵 솟구쳤고, 호세가 나를 확 끌어안으며 반 바퀴를 굴렀다. 휘둥그레진 눈으로 모닥불을 보는데 불길은 어느새 얌전한 모습으로 돌아가 있었다. 소름이 쫙 끼치며 온몸에 싸늘한 냉기가 흘렀다.

"제발, 제발, 딴 얘기 해요."

다이오가 눈을 가리며 구슬프게 부르짖었다.

화염에 일격을 당하고는 다들 굳어 있었다.

음산한 기운이 점점 짙어지고 불꽃은 조금씩 사그라들었다. 다들 불만 바라볼 뿐 또다시 침묵이 흘렀다.

조금 지나자 미카이가 말했다.

"마을 극장에서 하는 『겨울 사자』 봤어요?"

"두 번 봤어요."

"괜찮아요?"

"사람마다 다르겠죠. 난 좋은데, 호세는 싫대요."

"그놈의 무대 분위기가."

호세가 말했다.

연극 얘기를 하기 시작하자 뒤에 있는 숲이 또 파도 소리를 내기 시작했다. 나는 가만히 소리쳤다.

"그만 얘기해요."

"또 말을 못 하게 하네."

미카이가 내게 의아한 눈길을 보냈다.

"맥베스."

나는 뒤에 있는 숲을 손가락으로 가리켰다.

"그렇게 연상하고 갖다 붙이길 좋아하니 세상에 무섭지 않은 게 있겠어요?"

미카이가 황당해하며 웃기 시작했다.

"계속 이상야릇한 느낌이라고요. 마놀린한테 물어봐요, 마놀린도 아까 숲에 들어갔다 왔으니."

마놀린은 긍정도 부정도 하지 않았다.

"움직이는 것 같아요."

내가 또 말했다.

"뭐가 움직여요?"

"숲이요!"

"상상 좀 적당히 해요. 정신 나간 사람 같으니!"

나는 몸을 뒤척였다. 방금 나를 덮칠 듯 타오르던 불길은 거의 사그라들었고 으스스한 기운이 뼛속까지 파고들었다. 주위의 한기도 갑자기 강해졌다.

"땔감 구하러 간다!"

호세가 일어섰다.

"그냥 가스램프 켜자!"

이디스가 말했다. 어둠 속을 바라보는 눈빛에 불안한 기색이 어려 있었다.

또 한동안 적막이 흘렀다. 모닥불은 마침내 완전히 사그라져 시커먼 잿더미가 되었다. 램프 불빛이 모두의 얼굴을 어스레하게 비추었다. 다들 좀 더 바싹 다가앉았다.

"이디스, 여기 진짜 수정이 있어?"

제리는 다이오를 감싸 안은 채 화제를 바꾸려고 애썼다.

"지난번에 주워 온 큰 덩어리가 바로 여기 있던 거야. 싼마오가 찾으러 가고 싶다고 했었지."

"그게 여기서 주운 거라고요?"

의심이 뭉게뭉게 피어오르더니 갑자기 단단한 발톱이 가슴을 조여 왔다. 공포에 숨이 막혔다. 퍼뜩 깨달았다, 오늘 밤 내가 와 있는 곳이 어디인지. 한순간 모든 게 분명해졌다.

내 표정을 본 이디스도 상황을 눈치챘다. 이디스가 내 눈길을 피하며 중얼거렸다.

"전에 다른 일 때문에 왔었어요."

"당신……."

가장 사실이 아니기를 바라는 일이 기어이 사실로 증명되었다. 가뜩이나 긴장해 있던 내 신경줄이 단번에 끊어졌다. 나는 입을 쩍 벌리고 마놀린을 보았다. 깊은 한숨이 새어나왔다. 숲에 들어갔던 사람은 우리 둘뿐이었다. 경악한 나머지 괴성이 터져 나오려 했다.

마놀린이 보내는 미세한 눈짓에 나는 간신히 아랫입술을 깨물었다. 마놀린도 다 알고 있었다. 그는 진작에 깨달았던 거다, 우리가 바로 그 무시무시한 장소에 갔었다는 사실을.

미카이는 이 몇 초간 내 마음이 얼마나 요동쳤는지 전혀 모른 채 또 이야기를 시작했다.

"한번은 땅이 갈라지지도 않았는데 누가 죽었대. 다들 이상했지만 아무튼 시신을 묻고 돌아왔는데 거기 안 따라갔던 귀신 눈알이 집에서 발광을 하고 있더래. 흙을 파먹고 데굴데굴 구르며 그 사람 안 죽었다고, 리에닌이 가서 꺼내 오라 했다고 고래고래 소리를 지르고. 다들 말도 안 된다고 무시했지. 그런데도 하루 밤낮을 꼬박 난리를 치대래. 나중에는 다들 진짜 질려 버려서 결국 다시 무덤에 갔어. 그런데 파보니까 분명히 하늘을 보고 누운 자세로 묻었던 시신이 엎드려 있는 거야. 시신을 감은 천은 갈기갈기 찢어지고 머리를 감싼 천도 풀어져 내려 입가에는 끈적한 게 잔뜩 묻어 있고⋯⋯ 생매장을 했던 거지."

"하느님 맙소사⋯⋯ 제발, 제발 그만해요!"

나는 미친 듯 소리를 지르기 시작했다. 그 바람에 아기도 놀라서 발버둥 치며 울어댔다. 또다시 바람이 불어왔다. 저 먼 곳에서 밤의 소리가, 누군가 신음하는 듯한 날카로운 소리가 바람을 타고 천천히 날아들었다. 그 기괴하고 음산한 가락은 바람에 흩날려 가는 대신 계속 우리 주위를 맴돌았다. 고개를 들어 보니 달이 살짝 나와 있었다. 뒤에서는 그 숲이 검은 그림자를 드리우며 사박사박 다가오고 있었다.

"미친, 무슨 헛소리야!"

호세가 고함을 지르며 벌떡 일어나더니 저쪽으로 걸어갔다.

"당신 어디 가⋯⋯."

"자러 가. 헛소리가 아주 끝이 없어."

"이리 와, 제발."

어둠 속에서 갑자기 호세가 껄껄 웃기 시작했다. 밤의 소리에 웃음소리가 뒤섞이며 분위기가 더 으스스해졌다. 귀신이 웃는 듯한 그 소리는 분명 호세의 웃음소리였다.

나는 이디스에게 기어가서 손톱으로 어깨를 꽉 꼬집었다.

"악마 같은 인간, 이 죽음의 땅으로 우릴 데려오다니."

"소원이라고 그렇게 떠들 땐 언제고요."

이디스가 나를 흘겨보았다.

"입 다물어요, 다이오가 겁에 질려 미쳐 버릴 테니."

나는 이디스의 어깨를 또 한 번 꼬집었다.

"무슨 얘기들 해요? 뭐 잘못됐어요?"

과연 다이오가 갈라지는 목소리로 애처롭게 묻고 있었다.

신음 소리가 또다시 날아들었다. 나는 공포에 질려 이성을 잃고 고구마를 숲으로 집어 던지며 소리쳤다.

"입 닥쳐라, 귀신아— 누가 겁난다냐!"

"싼마오, 과대망상이에요."

속사정도 모르고 미카이는 태평하게 웃고 있었다.

"잡시다!"

이디스가 일어나 텐트로 걸어갔다.

"호세—"

나는 다시 호세를 불렀다.

"호세—"

작은 텐트 안에서 손전등 불빛이 새어 나왔다.

"잘 비춰, 나 들어간다."

나는 소리를 지르며 침낭을 질질 끌고 냅다 뛰었다.

한순간 다들 흩어져 텐트 속으로 사라졌다. 나는 호세에게 달려들어 호세를 붙잡고 부들부들 떨었다.

"호세, 호세, 우리 지금 리에닌의 땅에 있어. 당신이랑 나랑……."

"알아."

"언제 알았어?"

"당신하고 동시에."

"난 아무 말 안 했는데…… 아…… 리에닌에 씌었구나!"

"싼마오, 리에닌은 없어."

"있어…… 있다고…… 저 신음 소리…… 너무 무시무시해……."

"아니, 없어. 없―어, 말해 봐, 없―어."

"있어…… 있어…… 있어…… 당신은 숲에 안 들어갔으니까 괜찮지, 나한테는 있어, 있어, 난 숲에 들어갔다고……."

호세가 한숨을 쉬며 나를 꼭 안아 주었다. 마음이 좀 잠잠해졌다.

"자자!"

호세가 나직하게 말했다.

적막한 땅

"내 말 들어 봐…… 있잖아……."

내가 살며시 말했다.

"자자!"

호세가 다시 말했다.

나는 가만히 누워 있었다. 피곤이 한꺼번에 몰려들며 어느새 깊은 잠에 빠져들었다.

깨어나 보니 호세가 곁에 없었다. 침낭은 잘 개어져 발치에 놓여 있고 아침 해도 벌써 떠올라 있었다. 여전히 싸늘했지만 공기 속에는 촉촉하고 싱그러운 아침의 기운이 퍼져 있었다.

만물이 모두 살아나기 시작했다. 새빨간 아침 햇살이 사막을 따뜻하게 물들였다. 가시덤불에는 어느새 팥알 같은 작은 열매가 돋아 있고 이름 모를 들새가 파닥파닥 하늘을 날아다녔다.

나는 잔뜩 헝클어진 머리로 텐트에서 기어 나와 다시금 숲을 응시했다. 햇빛 아래 드러난 모습은 보잘것없는 작은 덤불이었다. 모래 먼지를 뒤집어써서 지저분하기만 할 뿐 신비로운 분위기는 눈 씻고 봐도 없었다.

"어이!"

나는 고구마를 끄집어내는 호세와 이디스를 소리쳐 불렀다.

이디스가 머뭇머뭇 내 안색을 살폈다.

"고구마 다 먹어치우지 말고 다이오 것도 남겨요. 다음번에도 데려오게."

나는 기분 좋게 소리치며 그들을 지나쳐 갔다.

"당신은요?"

"난 괜찮아요. 차나 한 잔 마실래요."

나는 환한 웃음으로 이디스에게 화답했다.

벙어리 노예

처음으로 마을에 사는 사하라위족 갑부에게 식사 초대를 받았다. 사실 전혀 모르는 사람이었다.

그 갑부의 사촌 형수의 동생인 알리의 말에 따르면 그는 손님을 집에 잘 초대하지 않는 사람이었다. 그런데 우리를 비롯한 다른 스페인 부부 세 쌍이 알리의 친구라서 우리는 낙타 육봉과 간으로 만든 꼬치구이를 먹으러 가게 되었다.

우리는 미궁처럼 드넓은 하얀 저택에 들어섰다. 나는 다른 손님들처럼 아름다운 아라비아 양탄자에 가만히 앉아 비위에 맞지 않을 음식을 기다리며 얌전히 앉아 있을 수가 없었다.

갑부는 매우 지혜로워 보이는 사하라위 노인이었다. 물담배를 피우며 프랑스어와 스페인어를 유창하게 구사했다. 자연스러운 행동거지에 말투도 오만하지 않았다. 그는 잠깐 얼굴을 비췄다가 알리에게 손님 접대를 맡기고 자기 방으로 들어가 버렸다.

저택에 있는 멋진 책들을 구경하고 나서 나는 알리에게 내실로 들어가 갑부의 아름다운 아내들을 만나 봐도 되는지 공손하게 물었다.

"그럼요. 들어가세요. 다들 당신을 보고 싶어 할 거예요. 어려워 말고 들어가 보세요."

나는 혼자 뒤쪽 방을 이리저리 돌아다니며 화려한 침실과 커다란 거울, 아름다운 여인들과 커다란 시몬스 침대를 구경했다. 금실로 화려하게 수놓은 보기 드문 천도 셀 수 없이 많았다.

갑부의 네 아내는 매우 젊고 아리따웠다. 호세가 보면 입이 헤벌어지겠지만 그들은 무척이나 수줍음을 타서 손님 앞에 나서려 하지 않았다.

나는 그들의 수홍색 옷을 빌려 입고 얼굴을 가린 채 손님들이 모여 있는 응접실로 사뿐사뿐 걸어 나왔다. 앉아 있던 남자들은 내가 그 갑부의 다섯 번째 부인이라도 된 줄 알고 다들 깜짝 놀랐다.

이 차림새가 지금 이곳의 분위기와 너무 잘 어울리는 것 같아 나는 옷을 벗지 않고 얼굴을 가린 천만 살짝 걷은 채 사막의 메인 요리를 기다렸다.

조금 뒤, 한 사내아이가 벌겋게 달아오른 석탄 화로를 들고 들어왔다. 아홉 살이나 됐을까, 긴 벤치보다 조금 작은 키에 얼굴에는 겸손한 미소가 가득했다.

아이는 조심조심 화로를 한구석에 놓고는 밖으로 나가 또 엄청나게 커다란 은쟁반을 들고 비틀거리며 우리 쪽으로 걸어왔다. 그리고 붉은 바탕에 오색찬란한 무늬가 수놓인 양탄자에 쟁반을 내려놓았다. 은쟁반 위에는 은으로 만든 찻주전자와 설탕 상자, 신선한 푸른 박하 잎과 향기로운 물이 놓여 있었다. 게다가 찻물을 올린 아주 작고 정교한 화로까지 있었다. 다기가 어찌나 섬세하고 화려한지 어질어질 넋이 나갈 지경이었다.

아이는 먼저 우리 앞에 조용히 꿇어앉았다 일어서면서 은빛 병에 든 향기로운 물을 사람들 머리카락에 조금씩 뿌렸다. 이는 사막의 엄숙한 예절이었다.

나는 아이가 향수를 뿌리기 편하도록 머리를 숙였다. 머리카락이 촉촉하게 젖어들자 아이는 손을 멈추었다. 그러자 이 아라비아 궁전에 향기가 가득 퍼지며 분위기가 매우 장엄해졌다. 사하라위 사람들의 강렬한 체취도 한순간 완전히 사라졌다.

  얼마 뒤에 아이는 또 커다란 접시에 낙타 고기를 담아 들고 살며시 들어오더니 화로 위 철망에 얹었다. 손님들은 소리 높여 신나게 떠들고 있었다. 스페인 부인 두 명은 아기를 낳을 때 상황이 어땠는지 열심히 이야기를 나누었다. 나만이 말없이 조그만 아이의 일거수일투족을 관찰했다.

  아이는 순서대로 차근차근 일을 했다. 먼저 고기를 꼬치에 끼우고 화로 위에 올려놓았다. 그러면서 다른 화로에서 끓고 있는 찻물에 박하 잎을 넣고 각설탕을 떨어뜨렸다. 차를 따를 때는 주전자를 자기 머리보다 더 높이 쳐들어 찻물을 작은 잔에 비스듬히 따랐다. 매우 아름다운 몸짓이었다.

  차를 다 따르자 아이는 다시 꿇어앉아 찻잔을 두 손으로 받쳐 들고 우리에게 내놓았다. 대단히 향기롭고 훌륭한 차였다.

  고기가 다 익자 아이는 하나씩 하나씩 커다란 쟁반에 옮겨 놓았다.

  사실 낙타의 육봉 부분은 지방투성이였고 간과 살코기도 억지로 입에 집어넣어야 했다. 남자 손님들과 내가 꼬치를 들고 먹기 시작하자 그 아이는 나를 주시했다. 나는 아이에게 미소를 지으며 눈을 깜박거려 맛있다는 시늉을 해 보였다.

  내가 두 번째 꼬치를 집어 드는데 얼간이 같은 스페인 부인들이 예의 없이 꽥꽥거리기 시작했다.

"아이고, 도저히 못 먹겠어! 토할 것 같아! 탄산수, 빨리 탄산수 가져와!"

그들의 교양 없는 모양새를 보니 나까지 창피했다.

음식이 잔뜩 나왔지만 여자들 가운데는 나 혼자만 먹었다. 저렇게 어린 아이에게 시중을 들게 하고 우리는 폐물처럼 앉아 먹고만 있다고 생각하니 너무 염치가 없었다. 나는 벌떡 일어나 아이에게 다가가 아이 옆에 앉아서 고기 꿰는 걸 도와주면서 스스로 구워 먹었다. 소금을 좀 뿌려 봤지만 고기 맛은 별로 좋아지지 않았다.

아이는 줄곧 고개를 숙인 채 말없이 일했다. 입가에는 언제나 웃음이 걸려 있고 매우 영리해 보였다.

"이렇게 살코기 하나, 육봉 하나, 간 하나씩 꿰고 소금 뿌리면 되지? 맞아?"

그 아이가 살며시 대답했다.

"하커(맞아요)!"

아이는 확실히 일솜씨가 뛰어났다. 나는 부채로 어떻게 불을 일으키며 고기는 어떻게 뒤집는지 아이에게 먼저 물어보았다. 아이는 기쁜 듯 얼굴이 발그레해졌다. 그동안 아이가 얼마나 중요한 일을 하는지 알려 주는 사람이 거의 없었던 모양이었다.

　다른 사람들은 불가에 앉아 꼼짝도 하지 않았다. 알리가 우리에게 사막 본토 음식을 맛보라고 권했지만 그 지긋지긋한 스페인 여자들은 끊임없이 무시하며 짜증을 부렸다. 차는 싫으니 탄산음료를 내오라, 바닥에 못 앉겠으니 의자를 가져오라 난리였다.

　이 모든 일을 알리는 그 아이에게 시키며 호통을 쳤다.

　아이는 불을 살피고 뛰어가 탄산수를 사 오고 의자를 메고 오고 의자를 내려놓고 다시 와서 고기를 구웠다. 정신이 없어서 당황한 기색이 역력했다.

　"알리, 다들 아무것도 하지 않으면서 저 조그만 아이만 쉬지 않고 부려먹는 거예요? 너무 불공평하잖아요!"

　내가 큰 소리로 따지자 알리는 고기를 한 덩이 삼키고는 꼬치로 그 아이를 가리키며 말했다.

　"저 아이가 하는 일은 이것뿐이 아니에요. 오늘은 운이 좋은 셈인데."

　"저 아이가 누군데요? 왜 그렇게 일을 잔뜩 해야 돼요?"

　그때 호세가 딴 얘기를 꺼내며 떠들기 시작했다.

　나는 호세와 사람들의 얘기가 끝나기를 기다렸다가 다시 물었다.

"저 아이가 누군데요? 알리, 말해 줘요!"

"저 아이는 이 집 식구가 아니에요."

알리는 좀 난감한 기색이었다.

"식구도 아닌데 왜 여기 있어요? 이웃 아이예요?"

"아니요."

일순간 조용해지며 아무도 입을 열지 않았다. 나는 사막에서 지낸 지 얼마 되지 않아서 다들 왜 이렇게 어색해하는지 알 수가 없었다. 호세까지 아무 말이 없었다.

"도대체 누구예요?"

나는 질리지도 않고 계속 캐물었다. 왜 이렇게 답답하게 말을 안 해주는 거야?

"싼마오, 이리 좀 와봐."

호세가 나를 손짓해 불렀다. 나는 꼬치를 내려놓고 따라갔다.

"저 아이는 노예야."

호세는 아이가 듣지 못하게 나지막이 말했다. 나는 깜짝 놀라 입을 가리고 휘둥그레진 눈으로 알리를 돌아보았다. 그리고 다시 가만히 아이를 바라보았다.

"노예라니 어떻게 된 거예요?"

나는 알리에게 차갑게 물었다.

"그들은 대대손손 노예예요. 그렇게 태어났으니까."

"처음 세상에 태어난 흑인 얼굴에 나는 노예라고 씌어 있기라도 했나요?"

나는 알리의 담갈색 얼굴을 빤히 보며 추궁했다.

"당연히 아니죠. 잡아 온 거예요. 사막에 사는 흑인을 보면 잡다가 두들겨 패서 기절시키고 달아나지 못하게 한 달간 밧줄로 묶어 놔요. 온 식구를 잡아 오면 더욱 도망칠 수가 없죠. 이렇게 대대로 내려오면서 재산이 된 거예요. 지금도 사고 팔 수 있어요."

내 얼굴에 떠오른 불편한 기색을 보고 알리는 곧바로 덧붙였다.

"우리는 노예를 학대하지 않아요. 저 아이는 저녁에 부모가 있는 천막으로 돌아간다고요, 마을 밖에 있는. 아주 행복한 거죠. 날마다 집에 가는데."

"이 집 주인은 노예가 얼마나 있어요?"

"200명이 넘을걸요. 모두 스페인 정부에서 하는 도로 공사에 내보냈어요. 월초가 되면 주인이 임금을 받아 모두 챙겨요. 그래서 이렇게 벼락부자가 된 거죠."

"그럼 노예는 뭘로 먹고살아요?"

"스페인 정부에서 하청받은 기관에서 밥을 줘요."

"그럼 당신들은 노예를 이용해서 돈을 가로채면서 그들을 먹여 살리지도 않는 거네요."

나는 알리를 노려보았다.

"여보! 우리도 몇 명 데려다 부리자."

한 스페인 부인이 자기 남편에게 살그머니 말했다.

"젠장, 입 좀 다물어!"

그 여자는 남편에게 한바탕 욕을 먹었다.

떠날 때가 되자 나는 사하라 전통 의상을 벗어 벼락부자의 아름다운 부인에게 돌려주었다. 그 부자 노인이 우리를 배웅하러 문 밖으로 나왔지만 나는 고맙다는 말만 했을 뿐 악수는 하지 않았다. 저런 사람과는 두 번 다시 만나고 싶지 않았.

우리 일행은 거리로 나왔다. 그런데 그 조그만 흑인 노예가 쫓아 나와 담 모퉁이에 숨어 나를 지켜보는 것이 아닌가. 아이의 커다랗고 영민한 눈은 아기 사슴처럼 부드러웠다.

나는 사람들 틈에서 빠져나가 그 아이에게 가만히 다가갔다. 그리고 주머니를 뒤져 200페세타를 꺼내 아이 손에 쥐여 주며 말했다.

"고마워!"

그러고는 몸을 돌려 자리를 떠났다.

돈으로 뭘 표현할 수 있단 말인가? 돈을 주는 것으로 그 아이에게 내 마음을 전할 수 있단 말인가? 나 자신이 무척 부끄러웠지만 다른 방법을 생각할 수가 없었다. 저급하지만, 그것이 내가 할 수 있는 최선의 방식이었다.

다음 날, 우체국으로 편지를 찾으러 갔다가 문득 그 노예 생각이 났다. 나는 위층 법원으로 올라가서 서기 선생을 만났다.
"어, 싼마오, 오래간만이네요. 날 잊은 줄 알았잖아요."
"선생님, 스페인 식민지에서 어떻게 공공연히 노예 제도가 인정되나요? 정말 기가 막혀요."
서기 선생은 한숨을 쉬며 말했다.
"말도 말아요. 사하라위족과 스페인 사람이 싸움을 해도 우리는 스페인 사람밖에 체포하지 못한다고요. 어찌나 난폭한 민족인지 도저히 당해낼 수가 없어요. 그런데 어떻게 감히 그들의 풍습을 간섭합니까? 어림도 없죠."
"당신들은 나쁜 짓을 방조하고 있는 거예요. 노예를 시켜 도로를 내고 그 노임을 모두 주인이 챙긴다잖아요. 정말 웃기지도 않네요!"
"아이고, 그게 무슨 소립니까? 노예 주인들은 모두 부락의 우두머리예요. 게다가 마드리드 국회에 있는 사하라위족 대표도 다들 이런 세력가라고요. 우리가 감히 건드릴 수가 없어요."

"이혼조차 허용하지 않는 당당한 천주교 국가에서 노예가 웬 말이래요? 이런 신기방기할 데가. 정말 경축할 일이네요. 나에겐 스페인이 제2의 조국인데, 맙소사……."

"싼마오, 너무 신경 쓰지 마세요. 날도 더운데……."

"알았어요. 이만 가볼게요. 안녕히 계세요!"

나는 성큼성큼 법원을 빠져나왔다.

그날 저녁, 누군가 우리 집 문을 두드렸다. 퍽이나 예의 바른 사람인지 가만가만 세 번을 두드리고는 더 이상 기척이 없기에 속이 터졌다. 어떤 교양 있는 분께서 나를 보러 왔을까!

문을 열자 처음 보는 흑인 중년 남자가 문 앞에 서 있었다. 몸에 걸친 옷은 다 해진 걸레쪽 같았고 두건을 쓰지 않은 맨머리에 성성한 백발이 바람에 흩날려 어지럽게 뒤엉켜 있었다.

그는 나를 보자 대단히 겸손한 태도로 허리를 굽히고는 예의 바르게 두 손을 가슴 앞으로 모았다. 행동거지가 여느 사하라위족의 무례한 태도와는 딴판이었다.

"누구세요?"

나는 그가 입을 열기를 기다렸다.

그는 말을 하지 못했다. 입 안에서 목 쉰 소리를 꺽꺽거리며 어린아이를 나타내는 듯한 손짓을 하더니 다음에는 자기 자신을 가리켰다.

나는 무슨 뜻인지 알아차리지 못해서 부드럽게 물었다.

"뭐라고요? 잘 모르겠어요. 무슨 뜻이에요?"

내가 알아듣지 못한 기색이자 그는 200페세타를 꺼내더니 그 벼락부자네 집 쪽을 가리키면서 또다시 손짓으로 어린아이를 그려 보였다. 아! 그제야 이해했다. 그 아이의 아버지가 온 것이다.

그는 한사코 그 돈을 나에게 돌려주려고 했고 나는 받지 않으려고 했다. 나 역시 그 아이가 고기를 구워 주었기 때문에 준 돈이라고 손짓으로 말했다.

그는 매우 영리했다. 곧바로 이해했다. 그 노예는 선천적인 벙어리는 아닌 것이 확실했다. 입에서 소리가 나오는 것으로 보아 귀가 들리지 않아 말을 못하는 듯싶었다.

그는 아들이 가져온 돈을 보고는 하늘만큼 큰 돈 같아서 생각 끝에 내게 돌려주러 왔다고 했다. 한참 실랑이를 벌인 끝에 그는 다시 한번 절을 하듯 몸을 굽히고는 두 손을 모았다. 그러고는 미소를 지으며 거듭거듭 고맙다고 하고서야 돌아갔다.

이렇게 나는 벙어리 노예를 처음 만났다.

벙어리 노예

그 뒤로 일주일이 지나지 않은 어느 날, 여느 때처럼 이른 새벽에 일어나 별이 총총한 하늘 아래 출근하는 호세를 눈으로 배웅하려고 문을 열었다. 5시 15분경이었다.

그때 문밖에 놓인 싱싱하고 푸르른 채소가 눈에 띄었다. 아직도 물기를 머금고 있었다. 나는 채소를 조심스레 집어 들고 호세가 멀리 사라질 때까지 서 있다가 집으로 들어왔다. 큰 물병을 찾아서 꽃을 꽂듯 채소를 병에 꽂아 거실에 놔두었다. 아까워서 차마 먹을 수가 없었다.

누가 보낸 선물인지 짐작이 갔다.

우리는 날마다 무수한 물건을 사하라위 이웃들에게 주었지만 그 보답은 오히려 너무나 가난해 자기 몸조차 자기 것이 아닌 그들의 노예로부터 받았다. 성경에 나오는 동전 두 닢을 바친 과부 이야기보다 훨씬 더 마음을 울렸다.

그 벙어리 노예의 소식이 무척 궁금했지만 그는 다시 나타나지 않았다.

두 달쯤 지나 우리 뒷집이 옥상에 방 한 칸을 새로 올리기 시작했다. 그들은 벽돌을 몽땅 우리 집 앞에 쌓아 놓고 줄에 매달아 위로 올려 보냈다.

문 앞에 먼지가 잔뜩 일고 우리의 새하얀 벽이 벽돌에 마구 긁혔다. 호세에게 말했다간 한바탕 화를 내고 이웃과 싸울까 봐 차마 얘기할 수가 없었다. 그저 그들이 빨리 일을 끝내고 우리가 다시 평화로운 나날을 보낼 수 있게 해주기만을 바랄 뿐이었다.

한참이 지나도 공사를 시작할 기미가 없어서 빨래를 널러 나갔다. 이웃 사람들이 옥상에서 네모진 구멍 속을 내려다보고 있기에 왜 공사를 안 하느냐고 물었다.

"금방 다시 할 거예요. 노예를 한 명 빌리기로 했는데 며칠 있다 가격이 정해지면 올 거예요. 주인이 어찌나 값을 비싸게 부르는지. 그 노예는 사막 최고의 미장이거든요."

며칠 뒤에 일류 미장이가 왔다기에 나는 얼른 옥상으로 올라가 보았다. 그런데 바로 그 벙어리 노예가 쪼그리고 앉아 시멘트를 섞고 있는 것이 아닌가.

놀라고 반가워 그에게 달려갔다. 그는 내 그림자를 보더니 고개를 들었다. 나를 본 그의 얼굴에 마치 꽃망울이 터지는 듯한 진실한 미소가 가득 번졌다.

그는 또 허리를 굽혀 인사를 했다. 나는 냉큼 손을 내밀어 그와 악수를 하고는 손짓으로 채소를 보내 줘서 고맙다고 말했다. 그는 얼굴이 발개지더니 다시 손짓으로 물었다.

'맛있었어요?'

나는 힘차게 고개를 끄덕이며 호세와 함께 아주 맛있게 먹어치웠다고 했다. 그는 다시 기쁜 듯이 웃으며 또 손짓으로 말했다.

'당신들은 푸른 채소를 먹지 않으면 잇몸에서 피가 나잖아요.'

순간 멍해졌다. 저런 상식을 사막의 노예가 어떻게 알지? 벙어리 노예는 손짓으로 간단하고 명료하게 말을 했는데 이 만국 공용어는 너무도 편리했다. 그는 계속 손짓으로 얘기했고 나는 그 뜻을 금방 이해했다.

벙어리 노예가 일을 시작하고 며칠이 지나자 벽이 허리까지 쌓였다.

무더운 8월, 정오가 되면 태양의 지독한 열기가 마치 용암처럼 흘러내린다. 나는 집 안에 들어앉아 문도 창문도 꼭 닫고 쳐들어오는 열기를 막아 보겠다고 종잇조각으로 창문 틈을 메웠다. 그리고 물걸레로 자리를 훔치고는 얼음을 수건에 싸서 머리에 얹었다. 하지만 섭씨 55도에 가까운 기온 때문에 여전히 미칠 것만 같았다.

이렇게 끔찍하고 혹독한 더위에 시달릴 때면 나는 자리에 누운 채 1분 1초를 헤아리며 해가 지기만을 기다렸다. 서늘한 저녁 바람이 불어오면 밖에 나가 잠시 앉아 있을 수 있었다. 내가 간절히 기다리는 가장 큰 행복이었다.

며칠이 흐른 뒤에야 옥상에서 일하고 있을 벙어리 노예가 생각났다. 그를 잊고 있었다니, 이렇게 혹독한 한낮에 벙어리 노예는 어떻게 일을 하지?

열기를 무릅쓰고 옥상으로 후다닥 뛰어 올라갔다. 문을 열자마자 찜통 같은 열기가 후끈 밀려들면서 격렬한 두통이 덮쳐 왔다. 재빨리 걸어 나가 벙어리 노예를 찾아보았다. 휑한 옥상에는 몸을 감출 만한 그늘이 한 조각도 없었다.

벙어리 노예는 벽에 반쯤 기댄 채 염소 우리에서 주워 온 다 떨어진 명석을 뒤집어쓰고 있었다. 무릎에 고개를 파묻은 그 모습은 더 이상 버틸 수 없는 늙은 개와 같았다.

얼른 뛰어가 그를 부르며 흔들었다. 강철도 녹일 듯한 뜨거운 햇볕에 내 피부는 벌겋게 익어 갔다. 나는 고작 몇 초도 견딜 수가 없어 뱅글뱅글 맴을 돌았다.

벙어리 노예가 뒤집어쓴 명석을 걷고 몸을 흔들자 그는 흐느끼듯 천천히 고개를 들고 나를 바라보았다. 그 얼굴이 너무나도 측은해 보였다.

나는 우리 집을 가리키며 말했다.

"내려가요, 빨리요. 같이 내려가요."

벙어리 노예

그는 기운 없는 몸을 일으켰다. 창백한 얼굴에는 어쩌면 좋을지 주저하는 빛이 서려 있었다.

더위를 도저히 견딜 수 없어 다시 힘껏 벙어리 노예를 떠밀었다. 그는 몹시 난감한 듯 허리를 구부리고는 천천히 돌계단을 내려갔다. 나는 옥상 문을 닫고 성큼성큼 뒤따라 내려갔다.

벙어리 노예는 돌처럼 딱딱한 마른 빵을 든 채 부엌 바깥쪽 차양 아래 서 있었다. 나는 그 빵이 뭔지 알았다. 사하라위 사람들은 군대에서 가져온 그 오래된 빵을 잘게 갈아 염소 먹이로 썼다. 노예를 빌려 온 이웃이 목숨을 이어 가는 수단으로 이걸 준 것이다.

벙어리 노예는 몹시 긴장했는지 꼼짝도 않고 가만히 서 있었다. 차양 아래라도 무척 더웠다. 거실로 들어오라고 불렀지만 그는 죽어도 싫다고 고집을 부렸다. 자기 피부를 가리키며 한 발짝도 들여놓으려 하지 않았다. 나는 다시 손짓을 했다.

'당신, 나, 우리는 똑같아요. 들어오세요.'

벙어리 노예는 깜짝 놀랐다. 지금껏 자신을 사람으로 대접한 사람이 없었던 것이다.

그의 조심스러운 태도에 들어오라 강권할 수가 없었다. 그래서 복도 그늘진 곳에 자리를 깔아 주고 냉장고에서 차가운 오렌지에이드와 신선하고 부드러운 빵, 치즈 한 덩이, 호세가 아침에 미처 못 먹고 나간 삶은 달걀을 가져다주었다. 그런 다음 나 때문에 편하게 먹지 못할까 봐 거실로 들어가 문을 닫았다.

오후 3시 30분이 되었지만 하늘에서는 여전히 용암 같은 폭염이 쏟아져 내렸다. 집 안도 이렇게 펄펄 끓는데 바깥은 얼마나 뜨거울지 짐작할 수가 없었다.

그렇지만 벙어리 노예가 주인에게 욕을 먹을까 걱정스러워 이제 일을 하게 하려고 복도로 갔다.

그는 석상처럼 가만히 앉아 있었다. 음료수를 조금 마시고 자기가 가져온 마른 빵을 먹었을 뿐 다른 음식에는 손도 대지 않은 상태였다. 나는 팔짱을 낀 채 그를 가만히 바라보았다.

벙어리 노예는 내 마음을 알아차리고 곧바로 일어나서 손짓으로 말했다.

'화내지 말아요. 집에 가져가서 아내랑 아이들에게 먹이고 싶어서 안 먹었어요.'

그는 집에 아들 둘하고 딸 하나가 있다고 손짓했다.

그제야 까닭을 알고 봉투를 찾아 음식을 모두 담았다. 그리고 치즈 한 덩이를 큼직하게 자르고 수박 반 통과 콜라 두 병을 더 넣었다. 가진 음식이 많으면 조금이라도 더 줄 수 있을 텐데.

그는 내가 봉투에 음식을 담는 모습을 보더니 고개를 숙였다. 부끄러움과 기쁨이 뒤섞인 복잡한 그 표정에 마음이 울컥했다.

나는 반은 비어 버린 냉장고에 봉투를 다시 넣고 태양을 가리키며 말했다.

"해가 지면 가지고 가세요. 일단 여기 넣어 둘게요."

그는 힘주어 고개를 끄덕이고는 허리를 구부렸다. 그러고는 울 듯한 표정으로 성큼성큼 일하러 나갔다.

사소한 음식을 얻고도 저렇게 기뻐하는 걸 보니 벙어리 노예는 자식들을 진심으로 사랑하는 것이 틀림없었다. 분명 행복한 가정을 꾸리고 있으리라. 나는 잠깐 망설이다가 호세가 가장 좋아하는 캐러멜 상자를 열고 한 움큼을 꺼내 벙어리 노예의 봉투에 넣었다.

사실 우리도 음식이 별로 없었다. 내가 그에게 줄 수 있는 것은 너무나도 보잘것없었다.

일요일에도 벙어리 노예는 일하러 왔다. 호세가 옥상에 올라갔다가 그를 보았다. 내 남편을 처음 본 벙어리 노예는 일손을 놓고 벽돌 더미를 넘어왔다. 몇 걸음 떨어진 곳에서 그는 입속으로 아아 소리를 내며 손을 뻗어 호세와 악수를 하려 했다. 그가 허리를 굽히는 대신 먼저 손을 내미는 모습을 보자 너무나 기뻤다. 우리 앞에서 그는 자신이 비천하다는 생각을 조금씩 떨쳐내고 사람과 사람 사이의 정을 쌓아 가고 있었다. 나는 미소를 지으며 옥상에서 내려왔다. 호세와 벙어리 노예가 손짓으로 대화를 나누는 그림자가 차양에 비스듬히 드리워졌다.

한낮이 되자 호세가 내려왔다. 벙어리 노예가 즐거운 발걸음으로 뒤따라오고 있었다. 호세의 머리에 시멘트 가루가 잔뜩 묻은 걸 보니 벙어리 노예와 함께 미장일을 한 모양이었다.

"싼마오, 내가 벙어리한테 같이 밥 먹자고 했어."

"호세, 벙어리라고 부르지 마!"

"못 알아들을 텐데 뭐."

"눈으로 알아들어."

나는 뒤집개를 든 채 벙어리 노예에게 하사니아 말로 입을 크게 벌려 천천히 말했다.

"샤―헤이―피(친구)."

호세를 가리키며 또 말했다.

"샤―헤이―피."

그리고 나 자신을 가리키며 말했다.

"샤―헤이―푸―티(여자 친구)."

그리고 우리 셋을 가리키며 원을 그렸다. 그는 완벽하게 알아듣고는 함박웃음을 지었다. 그 모습에 또다시 가슴이 먹먹해졌다. 벙어리 노예는 흥분과 긴장이 뒤섞인 상태였다. 호세가 그를 떠밀어 거실에 한 발짝 들여놓았다. 그러자 그는 나를 보며 더러운 맨발을 가리켰다. 나는 손을 저으며 괜찮다고 하고는 두 남자가 이야기를 나누도록 부엌으로 나갔다.

얼마 지나자 호세가 부엌에 와서 말했다.

"벙어리 노예가 별자리를 알아."

"그걸 어떻게 알았어?"

"그림으로 그렸어. 우리 책에 있는 별을 보더니 거의 같은 위치로 그리더라."

조금 뒤에 칼을 내려놓고 거실로 가보니 호세와 벙어리 노예가 엎드려 세계 지도를 들여다보고 있었다.

벙어리 노예는 혼자 한참을 찾더니 사하라가 있는 곳을 가리켰다. 나는 멍청히 바라보고 있었다. 그는 또 스페인을 가리키더니 호세를 가리켰다. 내가 물었다.

"나는요?"

벙어리 노예가 나를 보자 나는 일부러 스페인을 가리켰다. 그는 우스워 죽겠다는 시늉을 하며 손을 내젓고 아시아 쪽을 한참 들여다보았지만 이번에는 정답을 찾지 못했다.

나는 그의 관자놀이를 가리키며 표정으로 말했다. 바보!

그는 쓰러질 것처럼 유쾌하게 웃어댔다.

벙어리 노예는 사실 매우 똑똑한 사람이었다.

피망과 소고기를 볶아 밥에 섞어 내놓자 벙어리 노예는 잘 먹지 못했다. 평생 낙타 고기나 염소 고기도 몇 번 먹어 보지 못했을 텐데 소고기를 먹으려니 맛이 이상한 모양이었다. 그래서 흰밥에 소금을 뿌려 먹으라고 했지만 그는 여전히 먹으려 들지 않고 어색해하고 있었다. 손으로 먹으라고 하니까 그제야 고개를 숙이고 순식간에 밥을 먹어치웠다. 마음이 불편해 보여서 앞으로는 같이 밥을 먹자고 하지 않기로 했다.

소문은 매우 빨리 퍼졌다. 벙어리 노예가 우리 집에서 밥을 먹는 모습을 본 이웃 아이들이 어른들에게 냉큼 알렸고 어른들은 다른 이웃들에게 말을 퍼뜨렸다. 순식간에 온 동네 사람들이 다 알게 되었다.

이웃들이 벙어리 노예와 우리에게 품은 적의는 금세 느껴졌다.

"싼마오. 그런 노예를 상대하면 안 되죠. 그는 하뤼푸(돼지)예요! 더러워요!"

이웃 가운데 가장 꼴 보기 싫은 아이가 나에게 경고했다.

"네가 상관할 것 없어. 그리고 다시는 그를 하뤼푸라고 부르지 마. 그랬다간 호세가 널 잡아다가 옥상에 매달아 놓을 거야."

"그 노예는 돼지고 마누라는 미친년이에요. 그는 우리 대신 일하는 돼지라고요!"

말을 마친 그 애는 일부러 구정물을 벙어리 노예에게 뿌리고는 나에게 도전적인 눈빛을 보냈다. 호세가 뛰쳐나와 그 꼬마 악당을 잡으려고 하자 그 아이는 소리를 지르며 자기 집으로 숨어 버렸다.

나는 몹시 난처했지만 벙어리 노예는 아무 말 없이 공구를 챙기고는 고개를 들었다. 이웃들이 호세와 나를 음침하게 지켜본다는 사실을 깨닫고 우리는 아무 말 없이 옥상에서 내려왔다.

어느 날 해 질 무렵, 빨래를 걷으러 옥상에 올라갔다가 벙어리 노예가 보이기에 손을 흔들었다. 벌써 지붕을 올리고 있던 그도 내게 손을 흔들었다. 때마침 퇴근해 돌아온 호세가 옥상으로 올라왔다.

벙어리 노예는 공구를 내려놓고 다가왔다.

그날은 모래바람이 불지 않아 전깃줄 위에 작은 새들이 무리 지어 앉아 있었다. 나는 벙어리 노예에게 새를 보라고 가리키고는 날아가는 시늉을 했다. 그리고 다시 그를 가리키며 손짓을 했다.

'당신은…… 자유가 없어요. 죽어라 일만 해요. 돈 한 푼 못 받고.'

"싼마오, 잘하는 짓이다! 왜 그를 자극하고 그래?"

호세가 나무랐다.

"자극하고 싶어. 그는 수완이 있는 사람이야. 자유의 몸이라면 가족을 부양하면서 사는 데 아무 문제 없을 텐데."

벙어리 노예는 멍하니 하늘을 바라보다가 자기 피부를 가리키며 한숨을 내쉬었다. 이어 미소를 지으며 자기 가슴을 가리켰고, 새를 가리키며 날아가는 시늉을 했다.

나는 그가 무슨 말을 하려는지 알 수 있었다.

'내 몸은 자유롭지 못하지만 내 마음은 자유로워요.'

그가 이렇게 지혜로운 말을 하는 걸 보고 우리는 깜짝 놀랐다.

그날 저녁 벙어리 노예는 우리를 자기 집으로 초대하겠다고 우겼다. 나는 얼른 집으로 들어가 음식을 좀 싸고 분유 한 병과 설탕도 챙겨 그를 따라 나섰다.

벙어리 노예의 집은 마을 밖 모래 골짜기 끄트머리에 있었다. 다 해진 천막 하나가 석양 아래 쓸쓸하고 처량한 모습으로 서 있었다.

우리가 다가가자 천막 안에서 발가벗은 아이 둘이 시끌벅적하게 웃으며 뛰어나와 벙어리 노예에게 달려들었다. 벙어리 노예는 환하게 웃으며 아이들을 얼싸안았다. 뒤이어 한 여인이 나왔는데 다리가 다 드러나는 다 낡은 치마 하나만 입고 있었다.

벙어리 노예는 우리에게 들어가 앉으라고 재차 손짓했다. 우리는 허리를 구부리고 천막 안으로 들어갔다. 삼베 자루 몇 개가 깔려 있을 뿐인데 그나마 바닥을 다 덮지도 못해 반은 그냥 모래땅이었다. 천막 밖에는 물이 반쯤 찬 기름통이 하나 있었다.

벙어리 노예의 아내는 몹시 수줍음을 타는지 천막 쪽으로 등을 돌린 채 우리를 똑바로 보지 못했다. 벙어리 노예는 곧 물을 길어 오고 불을 지펴 낡아빠진 주전자에 물을 끓였다. 그런데 찻잔이 없는 걸 알고는 몹시 난처해하면서 얼굴 가득 땀을 흘렸다. 호세가 웃으면서 괜찮다고 했다. 우리는 물이 좀 식기를 기다렸다가 주전자째 차를 마셨다. 벙어리 노예는 그제야 마음이 놓이는 듯 웃었다. 그의 진심 어린 환대에 우리는 깊이 감동했다.

큰아이는 아직도 그 벼락부자네 집에서 일을 하는지 돌아오지 않고 있었다. 어린아이 둘은 아버지 품속에서 손가락을 빨며 우리를 말똥말똥 바라보았다. 나는 얼른 먹을 것을 꺼내 아이들에게 나누어 주었다. 벙어리가 뒤에 앉은 아내에게 빵을 건네주었다.

돌아가야 할 때가 되었다. 벙어리 노예는 아이를 안고 천막 밖으로 나와 우리에게 손을 흔들었다. 호세는 내 손을 꼭 잡은 채 지독하게 가난한 가족을 다시 한번 돌아보았다. 어느 틈엔가 우리는 더욱 친밀해지고 있었다. 나는 호세에게 말했다.

"적어도 벙어리 노예는 행복한 가정이 있잖아. 그렇게 가난한 사람은 아니야!"

가정은 누구에게나 기쁨의 원천이다. 고통스러운 마음을 따뜻하게 달랠 수 있는 곳. 벙어리 노예도 가정이 있으니 자신이 그리 불행하다고 생각하지 않을 것이다.

우리는 벙어리 노예의 아이들과 아내에게 줄 옷감을 사두었다가 그가 일을 다 끝낼 무렵 가만히 건네고는 주인이 알고 난리를 치기 전에 빨리 가라고 했다.

이슬람교의 명절이 오자 벙어리 노예에게 석탄 한 자루와 고기 몇 근을 선물하기로 했다. 이렇게 물건을 주는 것이 부끄러워 그가 집에 없는 한낮에 가서 천막 바깥에 놔두고 달음박질로 돌아왔다. 벙어리 노예의 상냥한 아내는 백치였다. 내가 선물한 푸른 천을 두른 채 나를 보면 언제나 방긋방긋 미소를 지었다.

벙어리 노예는 교양 없는 사하라위족이 아니었다. 그는 물건으로 보답하는 대신 우리 몰래 염소가 밟아서 망쳐 놓은 차양을 고쳐 주고, 밤에 물을 떠다 차를 닦아 주고, 바람이 많이 부는 날에는 빨래를 걷어 깨끗한 자루에 담아 차양 아래로 떨어뜨려 주었다.

호세와 나는 벙어리 노예가 자유를 얻을 수 있는 방법이 뭘까 생각해 봤지만 도저히 불가능한 상황이었다. 그를 사서 자유를 줄 능력도 없고, 그럴 수 있다 해도 만일 우리가 사막을 떠나게 되면 그는 또 어떻게 될까.

사실 우리는 그 벙어리 노예의 운명이 지금보다 더 비참해질 줄은 몰랐기에 진지하게 고민하지 않았고 적극적으로 그에게 자유를 주는 방법을 찾지도 않았다.

어느 날 사막에 큰비가 내리기 시작했다. 묵직한 빗방울이 차양을 때리는 소리에 잠에서 깨어났다. 나는 옆에서 자고 있는 호세를 흔들어 깨웠다.

"들어 봐! 비가 쏟아져. 엄청나게 퍼부어!"

나는 겁에 질려 소리쳤다.

호세는 벌떡 일어나더니 문을 열고 빗속으로 뛰쳐나갔다. 이웃들도 모두 비를 보러 뛰쳐나와 이렇게 외치고 있었다.

"신이 내린 물이다! 신이 내린 물!"

사막에 비가 내리는 기이한 현상을 보니 놀라움과 두려움에 가슴속이 서늘해졌다. 얼마나 오랫동안 비를 보지 못했던가. 나는 감히 나가 볼 엄두가 나지 않아 집 안에 가만히 숨어 있었다.

모두들 물통을 가져다 빗물을 받았다. 그들은 신이 내린 물을 마시면 병이 낫는다고 했다.

쉬지 않고 내리는 비에 사막은 거대한 진흙탕으로 변했다. 빗물이 들이닥친 우리 집 꼴은 말이 아니었다. 사막의 비는 그렇게 무시무시했다.

비는 하루 밤낮을 꼬박 퍼부었다. 스페인 신문에서도 사막의 큰비 소식을 앞 다투어 보도했다.

벙어리 노예의 작업은 비가 온 뒤로 2주가 지나자 마무리되었다.

어느 날 나는 책을 보면서 황혼을 맞고 있었다. 호세는 특근 때문에 다음 날 새벽에야 집에 올 수 있었다.

문밖에서 갑자기 아이들이 이상하게 시끄럽게 떠드는 소리가 들려왔다. 어른들 말소리도 섞여 있었다.

이웃집 쿠카가 우리 집 문을 힘껏 두드렸다. 문을 열자 쿠카는 몹시 흥분한 목소리로 말했다.

"빨리 나와 봐요. 벙어리가 팔려 가요. 지금 가려고 해요."

귓속에서 쿵 소리가 울렸다. 나는 쿠카를 붙들고 물었다.

"왜 팔려 간대? 어떻게 갑자기 팔려 가? 어디로?"

"지난번 비가 왔을 때 모리타니에 풀이 잔뜩 자랐대요. 벙어리는 양도 칠 줄 알고 낙타 새끼도 받을 줄 알아서 누가 사 간대요."

"지금 어디 있어?"

"벙어리가 일하던 집 문 앞에요. 원래 주인도 와 있어요. 지금 안에서 돈을 받고 있나 봐요."

부랴부랴 뛰쳐나갔다. 초조해서 사색이 된 채 미친 듯이 달려가 보니 이웃집 문 앞에 지프가 한 대 서 있었다. 조수석에 앉아 있는 사람은 바로 벙어리 노예였다.

차 옆으로 뛰어갔다. 벙어리 노예는 석고상처럼 무표정한 얼굴로 멍하니 앞만 보고 있었다. 양손과 양발에 밧줄이 걸려 있었다.

나는 입을 가린 채 그를 바라보았지만 그는 내 쪽을 보지 않았다. 사방을 둘러보았지만 아이들밖에 없었다. 나는 이웃집으로 뛰어들었다. 벼락부자와 잘 차려입은 사람들이 둘러앉아 여유롭게 차를 마시고 있었다. 거래는 끝났다. 벙어리 노예를 구할 희망은 없었다.

다시 뛰쳐나가 벙어리 노예의 떨리는 입술과 메마른 눈가를 보았다. 나는 집으로 달려가 있는 돈을 몽땅 꺼내 들고는 다시 집 안 곳곳을 살펴보았다. 침대에 깔린 사막의 알록달록한 담요가 눈에 띄었다. 더 생각할 겨를도 없이 그걸 잡아채어 돈을 싸 들고는 벙어리 노예가 있는 지프로 달려갔다.

"샤헤이피, 이걸 받아요."

나는 갖고 온 것을 그의 품속으로 밀어 넣으며 소리쳤다.

벙어리 노예는 그제야 나를 보았다. 그는 갑자기 담요를 끌어안고 우는 듯한 소리를 내더니 차에서 뛰어내렸다. 그리고 그걸 품에 안은 채 자기 집을 향해 죽을힘을 다해 달리기 시작했다. 양발에 밧줄이 걸려 있어 종종걸음 칠 수밖에 없었지만 믿을 수 없을 만큼 빠르게 달려갔다.

벙어리 노예가 뛰어가는 모습을 보자 아이들이 소리를 질러댔다.

"도망간다! 도망간다!"

안에 있던 사람들이 뛰쳐나왔다. 젊은 사람들은 커다란 널판을 들고 벙어리 노예를 뒤쫓기 시작했다.

"때리지 말아요! 때리지 말아요!"

나도 소리를 지르며 뛰어갔다. 긴장한 나머지 정신이 하나도 없었다. 모두들 벙어리 노예를 뒤쫓아 갔다. 나는 집 앞에 차가 서 있다는 사실도 잊은 채 미친 듯이 달려갔다.

벙어리 노예의 천막이 보였다. 멀리서 벙어리 노예가 휘청거리며 아내와 아이들에게 다가가고 있었다. 화려한 담요가 바람을 안고 휘날렸다. 손을 묶은 밧줄은 비틀어 끊어 버린 모양이었다. 벙어리 노예는 아아 소리를 내며 담요를 아내와 아이들에게 둘러 주었다. 그리고 백치 아내의 손을 이끌어 부드러운 담요를 쓸어 보게 하더니 아내의 품에 돈을 밀어 넣었다. 바람 속에 휘날리는 붉은 담요와 벙어리 노예가 울부짖는 소리가 내 마음을 아프게 때렸다.

젊은이들이 가서 벙어리 노예를 붙잡았다. 멀리서 지프가 다가왔다. 벙어리 노예는 망연히 차에 올라 알 수 없는 표정으로 차창을 꼭 붙잡고 있었다. 백발이 바람에 휘날렸다. 벙어리 노예는 먼 곳을 바라보았다. 말라붙은 눈가에는 눈물 한 방울 맺히지 않았고 입술만이 억제할 수 없는 듯 가늘게 떨렸다.

차가 움직이자 사람들이 길을 내주었다. 벙어리 노예의 그림자는 석양 속으로 점점 멀어져 갔다. 그의 아내와 아이들은 울지 않았다. 그저 붉은 담요 아래 몸을 움츠린 채 모래바람이 만들어낸 돌덩이처럼 서 있을 뿐이었다.

  눈물이 작은 강처럼 흘러내려 내 두 뺨을 적셨다. 천천히 집으로 돌아와 문을 닫고 침대에 누웠다. 언제 닭이 울었는지도 알지 못했다.

벙어리 노예

흐느끼는 낙타

하룻밤 사이에 몇 번이나 그런 걸까. 몽롱한 꿈에서 깨어나 눈을 떠보면 방 안은 칠흑처럼 새카맣고 거리에는 인기척도 차 소리도 들리지 않았다. 책상에 놓인 자명종 시계만이 무심히 똑딱거릴 뿐이었다.

내가 깨어난 거라면, 어제 일은 결국 한바탕 악몽이 아니었구나. 깨어날 때마다 기억들이 카메라 렌즈에서 어지럽게 쏟아져 나오듯 나를 괴롭혔다. 미친 듯이 울부짖던 그때의 참극이 자꾸만 자꾸만 새롭게 나타났다.

눈을 감았다. 파시리, 오피뤼아, 샤이다의 얼굴이, 웃는 듯 우는 듯한 그 표정들이 물결처럼 넘실대며 눈앞으로 차례차례 밀려들었다. 벌떡 일어나 불을 켜고 거울 속에 비친 내 모습을 들여다보았다. 고작 하루라는 시간이 흘렀을 뿐인데 입술은 갈라지고 눈은 퉁퉁 부어 초췌하기 그지없었다.

거리로 향한 창문을 열어젖혔다. 창밖으로 펼쳐진 사막은 얼음과 눈으로 뒤덮인 아무도 살지 않는 세상처럼 차갑고 적막했다. 예기치 않은 처량한 풍경에 소스라치게 놀랐다. 아득하고 무정하기만 한 하늘과 땅을 멍하니 바라보며 내가 지금 어디에 있는지도 잊고 말았다.

그래, 모두 죽었다. 죽어 버렸다. 울고 웃고 사랑하고 미워하던 날들이, 짧았던 며칠이건 기나긴 일생이건 꿈과 현실의 뒤죽박죽 속에서 하루 만에 모두 사라져 버렸다. 눈처럼 깨끗한 모래땅에 죽은 이들의 그림자는 보이지 않고 끊임없이 불어대는 밤바람도 그들의 탄식을 전해 주지 않았다.

죽은 듯 고요한 텅 빈 방을 향해 돌아서자 흐릿한 등불 아래 책상다리를 하고 앉은 파시리의 모습이 어른거렸다. 그는 얼굴을 가린 검은 천을 한 겹 한 겹 천천히 풀어 헤쳤다. 당황한 내 눈앞에 볕에 그을린 흑갈색 얼굴이 드러났다. 차가운 별 같은 두 눈동자가 돋보이는 파시리의 얼굴에 문득 매혹적인 미소가 떠올랐다.

눈을 감았다 떴다. 이번에는 책꽂이 아래 조용히 앉아 있는 샤이다의 옆얼굴이 보였다. 긴 속눈썹이 그 아름답고 앙상한 얼굴에 한 조각 구름 같은 그림자를 드리웠다. 멍하니 바라보는 사이에 어느덧 샤이다는 이 세상 사람이 아닌 듯 무심한 표정이 되었다.

어느 틈에 문밖에 차가 한 대 서 있었다. 누군가 똑똑 문을 두드리고 있었지만 전혀 알아차리지 못했다.

"싼마오!"

누군가 가만히 부르는 소리를 듣고서야 나는 화들짝 놀라 벌떡 일어났다.

"여기 있어요."

나는 커튼을 젖히며 문간에 있는 사람에게 말했다.

"싼마오, 비행기표가 없어요. 그렇지만 아침에 와서 공항에 데려다줄게요. 내가 두 자리 말해 놨으니 예비 좌석에 어떻게든 탈 수 있을 거예요. 호세도 아니까 준비하고 있어요. 문단속 잘하고 나오래요. 그런데 다른 한 자리는 누구 거예요?"

창밖에서 호세 회사의 총무주임이 나지막이 말했다.

"저는 가는데 다른 한 자리는 필요 없게 됐어요. 애써 주셔서 고마워요!"

"무슨 일이에요? 사정사정하더니 이제 와서 필요 없다니?"

"죽었어요. 그래서 못 가요."

나는 잠긴 목소리로 대답했다.

총무주임은 어리둥절해 있다가 다시 긴장된 눈빛으로 주위를 둘러보았다.

"사하라 사람들 사이에 난리가 났다면서요. 시내에 있는 우리 집으로 가는 게 어때요? 여기는 스페인 사람도 없고 안전하지 않아요."

나는 잠깐 침묵하다가 고개를 저었다.

"아직 정리할 게 있어서요. 괜찮을 거예요. 고마워요!"

그는 잠시 멍하니 서 있다가 손가락에 끼고 있던 담배꽁초를 던지고는 고개를 끄덕였다.

"그러면 문이랑 창문 다 꼭 잠가요. 내일 아침 아홉 시에 데리러 올게요."

창문을 닫고 이중으로 채웠다. 차 소리가 점점 멀어지더니 마침내 조용해졌다. 휑한 집 안에 무거운 정적만이 가득했다. 이 작은 집은 더 이상 예전 같은 분위기로 돌아갈 수 없었다.

지난날들이 또렷하게 떠올랐다. 나는 긴 잠옷을 입고 지금과 똑같이 창가에 서 있었다. 창밖에서 사하라위 소녀들이 깔깔거리며 나를 불렀다.

"싼마오, 빨리 문 열어요! 반나절이나 기다렸는데 아직도 자요?"

"오늘은 수업 안 해. 방학이야."

나는 피곤한 허리를 쭉 펴고 심호흡을 몇 번 했다. 그리고 아득히 펼쳐진 티 없이 깨끗한 모래 언덕으로 유유히 눈길을 돌렸다.

"또 방학이에요?"

아이들은 안타까워하며 시끄럽게 떠들어댔다.

"한밤중에 그 폭탄 터지는 소리 때문에 자다가 침대에서 몇 번이나 떨어질 뻔했나 몰라. 문 열고 나가 봐도 아무것도 안 보이고. 그러다 동틀 무렵에야 겨우 잠들었다고. 어휴, 그런데 수업 안 한다고 그렇게 떠들어대면 쓰니."

"수업 안 한다고 들어가지도 못해요? 그러면 그냥 놀자고요!"

아이들은 다시 문을 쾅쾅 두드려댔다. 나는 할 수 없이 문을 열어 주었다.

"너희는 귫아떨어졌니? 그렇게 큰 소리도 못 들은 거야?"

나는 차를 마시며 미소 띤 얼굴로 아이들에게 물었다.

"어떻게 못 들어요, 세 번이나 터졌는데. 한 번은 군대 막사 앞에서, 한 번은 인산 회사의 초등학교, 또 한 번은 아지비 아빠네 가게 앞에서……."

아이들은 왁자지껄 흥분한 목소리로 소식을 전했다.

"소식도 빠르네. 나가 보지도 않았다며 어떻게 알았어?"

"또 유격대죠, 뭐. 날이 갈수록 흉악해져요."

아이들은 무슨 재미난 일인 양 두려운 기색도 없이 손짓발짓까지 해가며 활기차게 얘기했다. 작은 방 안은 웃음소리 말소리로 떠들썩했다.

"스페인 정부가 다시 한번 민족 자결을 보장했다지만 그래 봤자지!"

나는 한숨을 푹 쉬고 빗을 가져다 머리를 빗기 시작했다.

"내가 땋아 줄게요."

한 아이가 내 뒤에 앉아 손에 침을 묻히고 머리를 꼼꼼하게 땋아 주기 시작했다.

"이게 다 그 샤이다 때문이야. 사랑 타령 하다가 결국 아지비네 가게 앞에서 펑 터진 거야."

그 아이가 등 뒤에서 큰 소리로 말했다. 사랑이라는 말에 아이들이 서로 밀치면서 킥킥대기 시작했다.

"병원에서 일하는 샤이다?"

내가 물었다.

"그럼 누구겠어요? 뻔뻔한 여자. 아지비는 샤이다를 사랑하는데 샤이다는 아지비를 사랑하지 않았어요. 그러면서 아지비랑 얘기를 하니까 아지비가 죽어라고 샤이다를 쫓아다닌 거죠. 그런데 샤이다가 갑자기 오피뤼아랑 좋아지내니까 아비지는 패거리를 시켜 샤이다를 차지하려고 했어요. 샤이다가 오피뤼아에게 일러바쳐서 며칠 전 아지비랑 오피뤼아가 한바탕 싸웠어요. 그런 다음 어젯밤에 아지비 아빠네 가게 앞에서 폭탄이 터진 거예요."

"또 멋대로 떠드는구나. 오피뤼아는 그런 사람이 아냐."

이 아이들은 제대로 판단할 수 없는 일에 걸핏하면 상상력을 동원해 제멋대로 단정을 내렸다. 정말 마음에 들지 않는 부분이었다.

"흥! 오피뤼아는 아니라고 해도 샤이다 그 여자는 충분히 그럴 만해요! 그 창녀는 유격대랑도 알고……."

나는 곱게 땋은 머리채를 빼서 빗어 내리며 정색하고 말했다.

"창녀라니, 그런 말은 인정도 의리도 없고 부끄러움도 모르는 사람한테나 쓰는 말이야. 샤이다는 너희 사하라위 여자들 가운데 가장 뛰어난 조산사인데 어떻게 그렇게 불러! 정말 못 들어 주겠네. 다시는 그런 소리 마라."

"샤이다는 모든 남자랑 얘길 하잖아요."

내 앞에 앉은 쿠카의 동생 파티마가 새카만 손톱을 물어뜯으며 말했다. 붉은 진흙을 잔뜩 발라 딱딱해진 머리칼을 뒤집어쓴 그 애는 멍청하고 더러운 괴물처럼 보였다.

"남자랑 얘기하는 게 뭐가 나빠? 나도 남자들하고 맨날 얘기하는데 그럼 나도 창녀야?"

나는 사납게 말했다. 이 아이들의 굳게 닫힌 머리가 언제나 활짝 열리게 될까.

"그게 아니고요, 샤이다는…… 샤이다는……."

꽤 착하고 정직한 한 아이가 입을 열었지만 부끄러워 얼굴이 발개지며 말을 잇지 못했다.

"그 여자는 여러 남자랑 잠을 자요."

파티마가 나를 잔뜩 노려보며 천천히, 차갑게 내뱉었다.

"샤이다가 그러는 걸 너희가 직접 봤어?"

한숨이 나왔다. 화를 내야 할지 웃어야 할지 몰라 그냥 아이들을 보고만 있었다.

"쳇, 당연히 본 사람이 있죠! 다들 그렇게 말하잖아요. 마을에서는 아무도 그 여자를 가까이하지 않아요. 남자들만 빼고요. 남자들도 그 여자랑 결혼하려는 게 아니라 그냥……."

"됐어! 다시는 그런 말 마라. 조그만 애들이 어쩜 그렇게 수다쟁이 아줌마랑 똑같니."

나는 뒤돌아 부엌으로 가서 차를 쏟아 버렸다. 괜한 짜증이 치밀어 올랐다. 이른 아침부터 이런 너절한 얘기라니.

아이들은 여기저기 널브러져 앉아 쉬지 않고 조잘거렸다. 머리는 산발에 새카만 맨발을 내놓고 온몸에서 냄새를 풍겼다. 하사니아 말로 떠들어서 무슨 소린지 알아들을 수는 없었지만 간간이 샤이다의 이름이 들렸다. 아이들의 얼굴에는 미움과 비웃음이 가득했다. 말은 하지 않아도 질투와 원망이 서린 얼굴들. 밉살스럽기 짝이 없었다.

문에 기댄 채 아이들을 지켜보고 있는데 봄꽃처럼 아름다운 샤이다의 모습이 홀연히 눈앞을 스쳐 지나갔다. 얼마나 순결하고 고상한 자태인지. 그토록 교양 있고 사랑스러운 사막의 아가씨가 자기네 풍습 속에서 저토록 경멸당하는 처지라니 정말 이해하기 힘들었다.

이 마을에서 우리는 많은 사하라위 친구를 사귀었다. 우체국에서 우표 파는 사람, 법원 문지기, 회사 운전기사, 가게 점원, 장님인 척하고 돈을 구걸하는 거지, 나귀를 끌고 물을 나르는 사람, 권세 있는 부족장, 가난한 노예, 경찰, 좀도둑, 이웃에 사는 남녀노소…… 삼교구류三敎九流가 모두 우리의 '샤헤이피'(친구)였다.

경찰인 오피뤄아는 우리가 아끼는 친구였다. 천진한 얼굴에 하얀 이를 가진 청년으로 고등학교까지 다니고 경찰이 되자 학업을 그만뒀다. 인정 많고 명랑해서 누구나 좋아하는 사람이었다.

마을에 폭탄이 터지는 것은 이제 일상이었다. 길거리는 여전히 떠들썩했고 사람들은 무심하게 시국 이야기를 나눴다. 아무도 이 혼란스러운 위기 상황을 실감하지 못한 채 먼 일처럼 담담하게 굴었다.

어느 날 장을 보고 걸어오는 길이었다. 마침 오피뤼아가 경찰차 안에 앉아 있었다. 내가 손을 흔들며 인사를 하자 오피뤼아는 재빨리 차에서 뛰어내렸다.

"뤼아, 우리 집에 왜 그렇게 안 놀러 와요? 한참을 못 봤네."

오피뤼아는 씩 웃고는 아무 말 없이 나와 함께 걸었다.

"이번 주에 호세는 오전 근무라 오후 세 시면 돌아와요. 와서 같이 얘기나 나눠요."

"네, 며칠 안으로 꼭 갈게요."

오피뤼아는 여전히 웃는 얼굴로 택시를 잡아 내 장바구니를 실어 주었다.

며칠 뒤 저녁 무렵에 오피뤼아가 우리를 찾아왔다. 그런데 하필 그날 호세의 동료들이 집 안 가득 들어차 꼬치를 구워 먹고 있었다.

오피뤼아는 창문으로 들여다보고는 곧바로 돌아가려 했다.

"아! 손님이 계시네요. 다음에 다시 올게요."

나는 얼른 뛰어나가 오피뤼아를 잡아끌면서 말했다.

"소고기니까 들어와서 같이 먹어요. 다들 아는 사람이니까 괜찮아요."

오피뤼아는 웃으며 뒤쪽을 가리켰다. 오피뤼아가 타고 온 차에서 담청색 천을 두른 여자가 천천히 내리고 있었다. 얼굴을 가리고 있었지만 나를 향해 미소 짓는 티 없이 맑은 눈이 보였다.

"샤이다?"

나는 싱긋 웃으며 말했다.

"어떻게 알았어요?"

오피뤼아가 놀라워했다. 나는 대답할 겨를도 없이 서둘러 다가가 그 귀하디귀한 손님을 맞았다.

샤이다가 아니라면 남자들이 잔뜩 모인 집에 들어오라고 억지로 권하지는 못했을 것이다. 하지만 샤이다는 개화한 여자였고 성격도 대범했다. 잠깐 머뭇거리더니 성큼성큼 집으로 들어갔다.

호세의 동료들은 이렇게 가까이에서 사하라위 여자를 본 적이 한 번도 없었다. 모두들 예의 바르게 자리에서 일어났다.

"앉으세요. 괜찮아요."

샤이다가 활달하게 고개를 끄덕였다. 나는 샤이다를 자리에 앉히고 얼른 부엌에서 탄산수를 가져와 오피뤼아와 샤이다에게 대접했다. 샤이다의 베일은 이미 자연스레 흘러내려 있었다.

불빛 아래 드러난 샤이다의 얼굴은 설명할 수 없는 엄청난 흡인력을 내뿜었다. 상아빛 두 뺨 위에 박힌 칠흑처럼 깊고 깊은 두 눈동자, 곧은 콧날 아래 이어지는 촉촉한 입술, 앙상한 얼굴선이 흠잡을 데 없는 조각처럼 우아하고 아름다웠다. 샤이다가 무심코 얼굴을 돌리며 평온한 미소를 짓자 밝은 달이 두둥실 떠오른 듯했다. 집 안을 밝히던 불빛이 순식간에 빛을 잃으며 나를 포함한 모든 이가 넋을 잃고 샤이다의 광채에 사로잡혀 버렸다.

사하라 전통 옷을 입은 샤이다는 병원에서 보았던 산뜻한 아름다움과는 완연히 다른 우아한 자태였다. 그저 말없이 앉아 있었지만 단숨에 우리를 오래전 꿈나라로 데리고 갔다.

우리는 샤이다가 어색해할까 봐 억지로 다시 이야기를 하기 시작했지만 정신은 다들 딴 데 가 있었다. 오피뤼아는 잠시 앉아 있다가 샤이다와 함께 작별을 고했다.

샤이다가 가버리자 한참 동안 정적이 흘렀다. 영원한 아름다움이랄까, 샤이다가 남기고 간 감동 때문에!

"저렇게, 저렇게 아름다운 여자가 세상에 있다니…… 인간인지 여신인지."

나는 탄식하듯 말했다.

"오피뤼아 애인이에요?"

누군가 가만히 물었다.

"모르겠어요."

나는 고개를 가로저었다.

"어디 출신이에요?"

"고아라고 들었어요. 부모님이 돌아가신 뒤로 병원에서 수녀님들과 몇 년간 지내면서 조산사 일을 배웠대요."

"오피뤼아를 고르다니 보는 눈이 있네요. 진국인데."

"오피뤼아는 샤이다에게 어울리지 않아요. 차이가 좀 나요. 뭐라고 말은 못 하겠지만 아무튼 좀 부족해요."

나는 고개를 흔들었다.

"싼마오, 당신 외모로 사람을 판단해?"

호세가 물었다.

"외모가 아냐. 느낌이 있어. 샤이다는 오피뤼아 애인이 아냐."

"오피뤼아가 얼마나 대단한 집 아들인데. 아버지가 남부에서 낙타와 염소 수천 마리를 기르고······."

"샤이다를 깊이 알지는 못하지만 그런 걸 따지는 사람은 아냐. 이 사막에 샤이다에게 진정으로 어울리는 남자가 있을까 몰라!"

"아지비도 샤이다를 쫓아다니지 않아? 얼마 전에 샤이다 때문에 오피뤄아와 한바탕했잖아!"

호세가 또 말했다.

"그 하루 종일 빈들거리는 상인 아들놈? 아버지만 믿고 온갖 행패를 부리잖아. 그런 나쁜 놈이 어떻게 샤이다랑 어울려?"

나는 경멸조로 말했다.

샤이다가 처음으로 우리 집에 왔다 간 그날 저녁 내내 우리는 줄곧 샤이다 얘기만 했다. 그 아리땁고 신비로운 자태가 모두의 마음을 뒤흔들어 놓았다. 나 역시 지금껏 그런 절세미인에게 취한 듯 깊이 빠져 본 적이 없었다.

"그 창녀를 어떻게 집에 들여놨어요. 계속 그러면 아무도 당신을 상대하지 않는다고요."

다음 날 쿠카가 오더니 안절부절못하며 나에게 충고했다. 나는 미소만 지을 뿐 신경 쓰지 않았다.

"그 여자가 남자랑 차에서 내릴 때 우리 모두 문 앞에 있었어요. 그 여자가 커바이를 보고 웃으며 인사하니까 커바이는 우리를 데리고 집으로 들어가서 문을 쾅 닫아 버렸어요. 오피뤼아는 얼굴이 온통 새빨개졌고요."

"그건 너무하잖아."

어이가 없었다. 엊저녁 그들이 우리 집에 들어오기 전에 그런 일이 있었을 줄은 생각지도 못했다.

"그 여자는 이슬람교를 믿지 않는대요. 천주교를 믿는대요. 그런 사람은 죽어 지옥에 떨어질 거예요."

쿠카를 어떻게 이해시켜야 좋을지 알 수가 없어 그냥 말없이 있었다. 쿠카와 함께 문을 나서는데 퇴근해 돌아오는 한디와 마주쳤다. 입고 있는 스페인 군복에 회백색 머리와 갈색 얼굴이 잘 어울렸지만 좀 화가 난 기색이었다.

"싼마오, 말은 안 했지만 우리 딸들이 날마다 당신 집에 가서 당신에게 좋은 것들을 배우길 바랐어요. 그런데 지금 당신네 부부가 그 근본도 알 수 없는 사하라 여자와 가까이 지낸다니 내가 어떻게 우리 아이들을 당신과 어울리게 놔두겠어요?"

이런 심한 말에 나는 따귀를 맞은 기분이었다. 얼굴이 달아올라 말도 잘 나오지 않았다.

"한디, 당신은 스페인 정부와 20년이 넘게 일했으니 좀 트인 분이잖아요. 시대도 변했고……."

"아무리 시대가 변해도 사하라위족의 전통과 풍속은 바뀌지 않아요. 당신들은 당신들이고 우리는 우리죠."

"샤이다는 나쁜 여자가 아니에요. 한디, 당신은 어른이시잖아요. 그러니 다른 사람들보다 분별이……."

나는 화가 나서 말을 끝맺지 못했다.

"사람이 자기 민족의 종교를 배반하는 일보다 더 수치스러운 일이 어디 있어요? 에잇……."

한디는 쿵쿵 발을 구르더니 쿠카의 머리를 쓰다듬으며 데리고 들어가 버렸다.

"꽉 막혔어!"

나는 한 마디 내뱉고는 문을 쾅 닫고 집으로 들어왔다.

"이 민족을 개화시키려면 아직도 엄청난 인내와 시간이 필요하겠어."

밥을 먹으면서 호세와 이 문제를 놓고 이야기를 나누지 않을 수 없었다.

"유격대는 날마다 노예를 해방하고 여자들을 공부시켜야 한다고 방송을 한다지만 사람들은 독립 얘기만 듣지 다른 데는 신경도 안 써."

"유격대가 어디서 방송을 하는데? 우리는 왜 못 들었지?"

"하사니아어로 저녁마다 알제리 쪽에서 방송을 내보낸대. 그쪽 사람들은 다들 들어."

"호세, 이런 상황이 얼마나 계속될까?"

나는 근심이 가득했다.

"모르지. 스페인 총독도 서사하라의 민족 자결에 동의했어."

"모로코 쪽에서는 반응이 없잖아. 어떻게 될까?"

나는 고개를 갸웃거리며 젓가락을 움직였다.

"에이, 밥이나 먹자!"

"나는 사하라를 떠나고 싶지 않아."

내가 탄식하며 고집스럽게 말했다. 호세는 나를 힐끔 볼 뿐 아무 말도 하지 않았다.

여름날의 사하라에는 영원히 가라앉지 않을 듯한 먼지가 온 하늘에 가득 떠다닌다. 다시는 되풀이하고 싶지 않은 하루, 죽고 싶을 만큼 끔찍한 폭염이 들러붙는 나날이 시작되었다. 느릿느릿 흘러가는 시간에 나태하고 피곤해질 뿐 아니라 정신도 흐리멍덩해져 만사가 귀찮았다. 마음은 텅 비고 몸은 땀에 전 채 하루하루를 버텨 나갔다.

시내에 사는 스페인 사람들 태반이 사막을 떠났다. 더위를 피해 고향으로 가버린 것이다. 시내는 마치 죽은 도시처럼 황량했다.

신문에서는 날마다 사하라 소식을 알렸고 마을에서는 여전히 간간이 폭탄이 터져 사람들이 다쳤다. 모로코 왕 하산은 날이 갈수록 더욱 미친 듯이 떠들어댔다. 서사하라의 위기가 코앞에 닥쳤는데 정작 이 땅에서 살아가는 사람들은 변경의 일에는 무관심해 보였다.

똑같은 모래, 똑같은 하늘, 똑같은 회오리바람…… 세상과 단절된 끝자락, 태고의 땅과 같이 황량한 이곳에서 유엔이니 헤이그 국제법정이니 민족 자결주의니 하는 단어들은 낯설기만 했다. 진정 이 땅의 주인인 수많은 사람에게는 모두 그저 연기처럼 희미하고 부질없는 말들이었다.

우리는 평소처럼 지내며 관망하고 있었다. 우리에게 언젠가 닥쳐 올 운명과 앞날에 드리워진 특수한 상황에 대해 사람들이 말하는 뜬소문은 믿지 않았다.

뜨거운 오후, 차를 쓸 수 있는 날이면 나는 주전부리를 싸 가지고 차를 몰고 병원으로 샤이다를 찾아가곤 했다. 우리 둘은 병원에서 가장 시원한 지하실에 양반다리를 하고 앉아 소독약 냄새를 맡으며 함께 옷을 꿰매고 음식을 먹고 세상 온갖 일을 놓고 수다를 떨었다. 그러다 보니 친자매처럼 거리낌 없는 사이가 되었다. 샤이다는 어린 시절 천막에서 살던 얘기를 들려주었다. 부모님이 모두 돌아가신 때에 이르자 샤이다는 가만히 말을 멈추었다. 이후의 일은 한 조각 공백처럼 남아 있었다. 샤이다는 입을 열지 않았고 나 역시 묻지 않았다.

"샤이다, 만약 스페인 사람들이 물러가면 당신은 어쩔 거예요?"

어느 날 내가 샤이다에게 물었다.

"어떻게 물러간대요? 우리가 독립하게 되나요? 아니면 모로코에 분할될까요?"

"둘 다 가능하겠죠."

나는 어깨를 으쓱하며 주관 없는 대답을 했다.

"독립하면 남아야죠. 분할되어도 할 수 없고요."

"나는 당신 마음이 스페인에 있는 줄 알았어요."

내가 천천히 말했다.

"사하라는 내 고향이에요. 우리 부모님도 여기 묻히셨고요."

샤이다의 눈빛이 갑자기 흐려지기 시작했다. 마음속에 말하기 힘든 비밀과 아픔이 숨어 있는 듯했다. 샤이다는 넋 나간 듯 가만히 앉아 있을 뿐 더 이상 아무 말도 하지 않았다.

"당신은요, 싼마오?"

한참이 지나자 샤이다가 다시 입을 열었다.

"나는 떠나고 싶지 않아요. 나는 여기가 좋아요."

"사막의 어떤 면이 당신을 그렇게 사로잡았어요?"

샤이다는 신기하다는 듯 물었다.

"사막의 어떤 면이 나를 사로잡았냐고요? 높은 하늘과 넓은 땅, 뜨거운 태양과 거센 바람…… 쓸쓸한 생활에는 기쁨도 있고 슬픔도 있어요. 이 무지한 사람들에게 사랑도 느끼고 원망도 느끼고요. 뒤죽박죽 헷갈리네요. 에이! 나도 분명히 모르겠어요."

"만약 이 땅이 당신 고향이라면 어쩌겠어요?"

"당신과 비슷하지 않을까요. 간호를 배웠을까…… 사실 내 고향이 아닌 곳과 고향인 곳을 어떻게 가르겠어요?"

나는 탄식했다.

"당신은 서사하라의 독립에 대해 생각해 본 적 없어요?"

샤이다가 차분하게 물었다.

"식민주의가 조만간 물러간다 해도 문제는 독립한 다음이에요. 이렇게 무지하고 난폭한 사람들이 어느 세월에 자기네 나라를 세울까요? 전혀 낙관하지 못하겠는데요."

"언젠가는 할 수 있어요."

"샤이다, 이건 우리끼리 하는 얘기예요. 다른 사람에게 함부로 말하지 말아요."

"뭘 그렇게 긴장해요. 수녀님도 다 아세요."

샤이다는 웃기 시작했다. 갑자기 명랑해져서 나를 보며 웃는 모습에는 아무런 거리낌도 없었다.

"시내에서 유격대원이 붙잡혔대요, 알고 있어요?"

나는 긴장한 말투로 물었다.

샤이다는 근심스럽게 고개를 끄덕이고는 일어나서 옷을 털었다. 샤이다의 눈이 갑자기 젖어드는 것 같았다.

어느 날 오후, 호세가 문을 열고 들어서며 말했다.

"싼마오, 그거 봤어?"

"뭔데 그래? 오늘 밖에 안 나갔는데."

나는 목을 타고 흘러내리는 땀을 닦으며 시무룩하게 물었다.

"나와, 차 타고 같이 보러 가자."

호세는 알 수 없는 무거운 표정으로 나를 잡아끌었다.

호세는 입을 꾹 다문 채 나를 차에 태우고 마을 외곽을 빙 돌았다. 둑이 터져 범람한 강물처럼 건물마다 핏빛 글자가 넘쳐났다.

"저게 뭐야?"

충격적이었다.

"자세히 봐."

> 스페인 개놈들은 우리 땅에서 썩 물러가라!
> 사하라 만세, 유격대 만세, 파시리 만세!
> 모로코도 꺼져라, 스페인도 꺼져라, 민족 자결 만세!
> 스페인은 강도, 살인마!
> 우리는 파시리를 사랑한다! 스페인은 꺼져라!

하얀 벽마다 흐르는 피가 우리에게 덤벼들었다. 한 구절 한 구절이 으스스하고 무시무시했다. 너무나도 당황스럽고 혼란스러웠다. 깊고 편안한 잠에 빠져 있다가 날카로운 칼에 찔려 갑자기 깨어난 기분이었다. 뙤약볕 아래서도 식은땀이 흘렀다.

"유격대가 돌아온 거야?"

가만히 호세에게 물었다.

"돌아올 리가. 여기 사하라위족은 유격대 편이 하나도 없는데."

"안쪽도 저래?"

"사막 군단 담장도 저래, 하룻밤 사이에. 보초병도 어떻게 된 일인지 모른대."

순간 공포에 사로잡혔다. 차를 타고 사하라위 사람들을 지나칠 때마다 온몸이 부들부들 떨렸다. 풀과 나무마저 적으로 보일 지경이었다.

우리는 집으로 가지 않고 호세 회사에 있는 카페로 차를 몰았다.

카페 안에 회사 동료들이 새까맣게 모여 앉아 있었다. 웃는 낯으로 서로 안부를 물었지만 이내 딱딱하게 얼굴이 굳었다. 깊은 잠에 빠진 여름날은 갑자기 종적도 없이 사라졌다. 사람들의 표정에는 당혹감과 긴장감이 감돌았고 많게든 적게든 모욕감과 난감함이 서려 있었다.

"유엔 감찰단이 올 거야. 당연히 그들이 와서 보고, 목숨을 걸고라도 사하라에 대한 의견을 표명해야 해."

"파시리는 스페인에서 법대를 졸업했다며. 스페인에서 그렇게 오래 있었으면서 어떻게 돌아와 유격전을 벌이는 거야? 우리를 반대하러 온 거야?"

"회사는 도대체 어떻게 되지? 우린 지키고 있어야 해, 달아나야 해?"

"내일 아내를 스페인으로 보낼 거야. 난리가 나길 기다리고 있을 수는 없지."

"유격대가 여기 있는 게 다가 아니라던데. 벌써 모로코 쪽에도 엄청 잠입해 있대."

사방에서 높고 낮은 말소리가 들려왔지만 모두 장님이 코끼리 만지는 격으로 두서가 없었다. 갑자기 막돼먹은 스페인 놈 하나가 탁자를 때리며 벌떡 일어났다.

"빌어먹을, 그놈들은 밥도 안 먹고 똥도 안 싸나. 독립할 망상에나 빠져 있고. 우리 스페인이 너무 관대하다고. 나라면 감히 우리를 욕하는 놈들은 다 없애 버리겠어. 흥! 7만 명이 넘으니 기관총으로 쓸어버리기도 귀찮군. 그때 히틀러가 유태인을 어떻게……."

그놈은 벌게진 얼굴로 이리저리 침을 튀기며 연설을 했다. 두 팔을 마구 휘두르며 분노를 표출했고 성난 두 눈알은 총알처럼 튀어나올 지경이었다.

"죽일 놈들, 그냥 개처럼 잡아 죽여야 해. 아니, 개도 그놈들보다는 낫다. 밥 주는 사람에게 꼬리라도 흔드니……."

"이런…… 이런……."

어처구니가 없었다. 그 편협하고 과격한 말에 스페인 사람에 대한 내 생각이 싹 바뀌었다. 호세는 고개를 쳐들고 멍하니 그놈을 바라보고 있었다.

그 미친놈의 개소리를 듣고 있던 사람들은 결국 손뼉을 치며 환호하기 시작했다.

그놈은 침을 꿀떡 삼키고 술을 한 모금 들이켜더니 갑자기 나를 보며 또 지껄이기 시작했다.

"식민주의는 우리 스페인에게만 있는 게 아냐. 홍콩 사람들 봐, 영국 비위를 맞추려고 안달복달이지. 그렇게 오랫동안 시키면 시키는 대로 절대복종해 왔잖아. 사하라위 놈들도 그걸 봤으면······."

내가 튀어 오르기도 전에 호세가 탁자를 탕 하고 내리치더니 벌떡 일어나 그놈 멱살을 움켜쥐었다.

한순간 모든 시선이 우리에게 쏠렸다.

나는 죽을힘을 다해 호세를 떼어내고 밖으로 나가려 했다.

"몰상식하고 막돼먹은 놈이야. 그런 놈한테 따질 것 없어."

"저 미친놈이 뭐라고 지껄였는데 나를 끌고 나와? 이민족의 통치를 거부하는 사람들은 저놈 말대로라면 몽땅 파리처럼 죽여 버려야 한다는 거잖아? 타이완 사람들이 일본에 어떻게 저항했어? 저놈이 알기나 해?"

호세가 고함을 지르기 시작했다. 나는 발을 동동 구르며 호세를 밖으로 떠밀었다.

"호세, 나도 물론 식민주의에 반대해. 그렇지만 우리는 스페인에 속하잖아. 당신이 자기 나라 사람과 싸우면 결국 당신만 애국심 없는 사람이 돼. 그래 봤자 무슨 소용이야?"

"저런 놈은 사회악이라고…… 에잇, 사하라위 사람들은 왜 우리를 싫어한담. 사이에 껴서 이게 뭐지. 저쪽에서는 유격대가 개새끼라 욕을 하고 이쪽에서는 내 나라 사람의 개소리를 들어야 하고. 에잇, 젠장!"

호세는 결국 상심하고 말았다.

"원래 평화로이 해결할 수 있었어. 모로코가 사하라를 분할하려 들지 않았다면 이런 식으로 위험하게 독립하려 하진 않았을 텐데."

"유엔 감찰단이 곧 온다는데. 싼마오, 당신은 한동안 떠났다가 좀 잠잠해지면 돌아오는 게 어때?"

"나?"

나는 차가운 웃음을 터뜨렸다.

"난 안 가. 스페인이 점령한 마지막 날까지 남아 있을 거고, 스페인이 물러가도 난 안 떠나."

그날 저녁 라윤 전체에 계엄령이 내렸다. 물난리가 난 듯 뒤숭숭한 가운데 낮에도 총을 든 스페인 경찰이 지나가는 사하라위 사람들을 한 명씩 벽에 붙여 놓고 몸에 휘감은 천을 벗겨 몸수색을 했다. 젊은이들은 일찌감치 달아났고 가련한 노인들만 눈을 끔벅이며 팔을 쳐들고 이리저리 수색을 당했다.

이런 수색 방법은 사람들의 반감을 살 뿐 그 어떤 소득도 없었다. 유격대가 바보처럼 권총을 가지고 다니면서 검문에 걸려들겠는가?

병원으로 샤이다를 찾아갔더니 이층에서 아기를 받고 있다고 수위가 알려 주었다.

이층에 올라가 몇 발짝 떼는데 허둥지둥 걸어오는 샤이다와 꽝 부딪힐 뻔했다.

"무슨 일이에요?"

"아무것도 아니에요, 가요."

샤이다는 나를 데리고 아래로 내려갔다.

"아기 받는 중이라던데요?"

"그 여자 가족들이 나는 안 된대요."

샤이다가 아랫입술을 부르르 떨며 말했다.

"난산이라 큰일 날 것 같았는데 내가 들어가니까 다들 욕을 퍼붓는 거예요. 나는……"

"그 사람들하고 무슨 안 좋은 일이라도 있었어요?"

"모르겠어요. 나는……"

"샤이다, 그냥 결혼해요! 그렇게 오피뤼아랑 다니는 거, 여기 풍습으로는 용납되지 않아요."

"뤼아는 아니에요."

샤이다는 고개를 들고 다급히 해명했다.

"그럼……."

"아지비 그 개자식이 나를 괴롭혀요. 하는 수 없이…… 내 괴로움을 누구에게 말하겠어요……."

샤이다는 갑자기 눈물을 쏟으며 화살처럼 달아나 버렸다.

나는 천천히 복도를 지나 수녀들이 있는 뜰로 나갔다. 아이들이 얌전히 앉아서 우유를 마시고 있었다. 하얀 수염이 난 것처럼 윗입술에 우유 방울을 잔뜩 묻힌 사하라위 사내아이가 하나 있었다. 나는 그 아이를 안고 햇볕 아래를 걸어가며 아이를 얼렀다.

"이봐요, 아이를 안고 어디 가세요?"

젊은 수녀가 황급히 따라왔다.

"저예요!"

나는 웃으며 그녀에게 인사를 했다.

"아! 깜짝 놀랐잖아요."

"이 꼬마 정말 귀엽네요. 이렇게 씩씩하고."

나는 아이의 검고 깊고 커다란 눈을 들여다보며 곱슬머리를 쓰다듬어 주었다.

"이리 주세요. 이리 오렴!"

수녀가 팔을 벌려 아이를 안았다.

"몇 살이에요?"

"네 살이에요."

수녀가 아이에게 뽀뽀를 했다.

"샤이다는 언제 왔어요? 다 커서 왔나요?"

"네, 열예닐곱 살쯤 왔어요."

나는 웃으며 수녀에게 작별 인사를 하고 아이에게 뽀뽀를 했다. 아이는 수줍게 고개를 숙였다. 그 모습을 보자 놀랍게도 안면이 있는 누군가가 내 기억 속을 스쳐갔다. 누구를 닮은 거지, 이 아이가?

거리에는 시내로 진군하는 군대뿐이었다. 정부 기관을 둘러친 철조망은 바람조차 빠져나가지 못할 만큼 빽빽했고 항공사의 자그마한 출장소 앞은 끈기 있게 줄 서 있는 사람들로 가득했다. 갑자기 낯선 얼굴의 기자들이 쏟아져 나와 실업자처럼 하릴없이 쏘다녔다. 시끌벅적하지만 긴장감이 감도는 분위기였다. 지금껏 평화로웠던 작은 도시는 불길한 징조로 뒤덮였다.

서둘러 집으로 돌아오니 쿠카가 돌계단에 앉아 기다리고 있었다.

"싼마오, 커바이가 오늘 하리파 목욕 좀 시켜 줄 수 있냐는데요?"

하리파는 쿠카의 막내 남동생이었다. 피부병에 걸려서 며칠에 한 번씩 우리 집으로 안고 와 약용 비누로 씻겨 주고 있었다.

"그래! 목욕시키자. 데리고 와!"

나는 마음이 딴 데 가 있어 문을 열면서 건성으로 대답했다.

왕눈이 하리파는 욕조 안에서 말을 듣지 않고 이리저리 몸을 비틀었다.

"이제 일어나, 착하지. 또 물 뿌리지 말고!"

나는 몸을 굽혀 하리파의 발을 씻어 주었다. 하리파가 젖은 솔로 내 머리를 두드렸다.

"호세부터 죽이고 싼마오를 죽여라. 호세부터 죽여라, 호세부터……."

하리파는 내 머리를 타닥타닥 두드리며 동요 같은 노래를 불렀다. 또랑또랑한 발음이라 무슨 소린지 분명히 알아들을 수 있었다. 귓속에서 울려대는 커다란 노랫소리를 들으며 나는 진정하려고 안간힘을 썼다. 하리파를 다 씻기고 커다란 수건으로 감싸 안고 침실로 나왔다.

그 몇 걸음을 떼면서도 솜 위를 걷는 것처럼 비틀거렸다. 어떻게 방에 왔는지도 모른 채 가만히 하리파를 닦아 주다가, 결국 얼떨떨한 목소리로 물었다.

"하리파, 뭐라고 했니? 착하지, 다시 말해 봐."

하리파는 손을 뻗어 베개 옆에 놓인 책을 잡고 웃으며 나를 보았다.

"유격대가 와서 응, 응, 호세를 죽여라, 싼마오를 죽여라, 헤헤!"

하리파는 이번에는 침대 맡의 자명종을 움켜쥐었다. 아이는 자기가 무슨 말을 하는지 몰랐다.

나는 얼이 빠진 채 하리파를 호세의 낡은 셔츠에 감싸 안고 느릿느릿 쿠카네 집으로 가서 커바이에게 안겨 주었다.

"아! 고마워요! 하리파, 고맙습니다 해야지."

커바이가 아이를 안고 자애롭게 웃었다. 아이는 엄마 품에서 활기차게 꼼지락거리다가 손가락으로 나를 가리키며 떠들기 시작했다

"유격대가 호세를 죽여라, 싼마오를 죽여라."

"이런 죽일 놈!"

커바이는 아이를 엎어 놓고 때리려 했다. 순박한 얼굴이 순식간에 새빨개졌다.

"때리면 뭐 해요. 애가 뭘 알아요?"

나는 한숨을 쉬며 이렇게 말할 수밖에 없었다.

"미안해요, 미안해요!"

커바이는 눈물이 그렁그렁한 눈으로 나를 살짝 보고는 이내 고개를 떨어뜨렸다.

"어디 사람인지 가르지 말아요! 우리는 모두 무라나(신)의 자식이잖아요!"

"우리는 가르지 않아요. 쿠카랑 우리 애들 모두 당신하고 잘 지내잖아요. 우리는 그런 사람이 아니에요. 용서해요. 미안해요. 미안해요."

커바이는 부끄러운 표정으로 거듭 사과하면서 연신 옷자락을 당겨 눈물을 닦았다.

"커바이, 그게 무슨 말씀이에요? 웃기는 소리 마세요."

쿠카의 오빠 파신이 갑자기 나타나 자기 엄마에게 호통을 쳤다. 그러고는 차갑게 웃으며 나를 노려보더니 가버렸다.

"커바이, 괜찮아요. 젊은이들은 나름의 생각이 있는 거죠. 당신이 미안해할 것 없어요."

나는 커바이의 어깨를 두드렸다. 하지만 마음속으로는 어릴 적에 무시당하고 괴롭힘당했던 때처럼 섭섭하고 속이 상해 그냥 쏜살같이 뛰쳐나와 버렸다.

집에 돌아와 머릿속이 텅 빈 채 맥없이 앉아 있었다. 아무

기척도 못 느꼈는데 어느 틈에 호세가 오피뤄아와 함께 들어와 있었다.

"싼마오, 저 좀 도와주세요. 일요일에 저를 데리고 마을 밖으로 나가 주세요."

"뭐라고요?"

나는 여전히 다른 세계에서 헤매느라 무슨 말인지 얼른 알아듣지 못했다.

"도와주세요. 마을을 빠져나가 집으로 돌아가야 해요."

오피뤄아는 단도직입적으로 말했다.

"못 가요. 마을 밖에는 유격대가 있잖아요."

"당신들 안전은 보장해요, 부탁이에요!"

"당신도 차가 있잖아요!"

그날 나는 정신이 나갔는지 예의도 인정사정도 없었고 얘기할 기분도 아니었다.

"싼마오, 저는 사하라위족이에요. 지금 차량 통행증이 본토인들에겐 발급되지 않잖아요. 평소에는 분명한 분이 오늘 왜 그러세요. 꼭 화난 사람처럼."

오피뤄아는 참을성 있게 말했다.

"당신 경찰 아니에요? 그런데 도리어 나한테 도와 달라니."

"네, 경찰이에요. 그렇지만 역시 사하라위족이에요."

오피뤼아는 쓴웃음을 지었다.

"당신이 마을을 빠져나가는 데 우리까지 끌어들이지 말아요. 밤낮으로 우리를 죽이려고 하면서. 당신네 마음 따위 개나 줘요!"

나는 치솟는 화를 억누르지 못하고 소리를 질렀다. 눈물이 줄줄 흘러내렸다. 있는 대로 성질을 부리고는 바닥에 퍼질러 앉아 엉엉 울기 시작했다.

울부짖는 소리에 옷을 갈아입던 호세가 부랴부랴 뛰어나왔다. 호세와 오피뤼아는 어안이 벙벙해 서로 멀뚱멀뚱 바라보며 서 있었다.

"이 사람 왜 이래요?"

호세가 미간을 찡그리며 슬며시 물었다.

"몰라요. 저는 얌전히 말했는데 갑자기 저러세요."

오피뤼아는 영문을 몰랐다.

"그래, 내가 미친년이에요. 상관 말아요."

나는 휴지를 한 장 뽑아 코를 풀고 눈물을 닦았다. 그러고는 숨을 한번 크게 쉬고 멍하니 소파에 앉아 있었다.

오피뤼아의 부모님과 동생들이 나에게 얼마나 잘해 주었던가. 너무 심하게 군 것 같아 후회감이 밀려들었다. 결국 나는 이렇게 물었다.

"언제 마을 밖으로 나가려고요? 이렇게 어지러운데."

"일요일에 온 가족이 모여요. 더 시끄러워지면 이제 진짜로 대사막으로 나가지 못할 거예요."

"낙타는 아직 있어요?"

호세가 물었다.

"다 팔았어요. 형들이 돈이 필요하다고 해서 몽땅 팔아치웠어요. 이제 염소 몇 마리뿐이에요."

"그렇게 많은 돈을 어디다 쓰려고 가산을 다 팔았어요?"

한바탕 울고 나니 마음이 한결 편안해졌고 화도 가라앉았다.

"뤄아, 일요일에 우리가 당신을 데리고 나갈게요. 하지만 저녁에는 반드시 돌아올 수 있다는 걸 보장해 줘요. 우리 우정을 저버리면 안 돼요."

호세가 차분하게 말했다.

"그럴 리가요. 정말 가족이 모이는 거예요. 걱정 마세요."

오피뤄아는 몹시 감격한 듯 호세의 어깨를 두드리며 진실하게 말했다. 이 얘기는 이렇게 매듭지어졌다.

"뤄아, 당신은 유격대도 아니면서 어떻게 우리 안전을 보장해요?"

나는 여전히 근심스러웠다.

"싼마오, 우리는 진실한 친구잖아요. 저를 믿어 주세요. 정말 부득이하게 도움을 청하는 거예요. 확신도 없이 어떻게 당신들에게 누를 끼치겠어요? 우리 모두 부모가 있는 사람들이잖아요."

오피뤼아의 진심 어린 말을 들으며 나는 더 이상 따져 묻지 않기로 했다.

검문소에 우리의 남색 신분증과 오피뤼아의 노란색 신분증을 맡겨야 했다.

"저녁에 마을로 돌아오면 돌려드리겠습니다. 도중에 파시리를 조심하십시오."

보초병이 손을 흔들어 우리를 보내 주었다. 그의 마지막 한마디에 가슴이 콩닥콩닥 뛰었다.

"빨리 가자! 세 시간도 더 걸리니까 얼른 갔다 얼른 와야 돼."

호세와 오피뤼아가 앞에 타고 나는 뒷자리에 탔다. 여행길에 편리하도록 모두 사막의 옷을 입고 있었다.

"어떻게 돌아와야 할지 생각해 봤어요?"

나는 또 안절부절못하며 물어보았다.

"싼마오, 걱정 마세요. 요 며칠간 그 얘기를 얼마나 했나 모르겠네요."

오피뤼아가 웃기 시작했다. 마을을 빠져나오자 오피뤼아는 무척 명랑해졌다.

"샤이다는 왜 같이 안 왔어요?"

"출근했어요."

"세상에, 샤이다가 걱정도 안 돼요?"

"둘 다 그만 좀 떠들어요. 뤼아, 당신이 길을 알려 줘야 내가 더 빨리 운전할 수 있어요."

호세가 말했다.

온통 망망한 잿빛 하늘이었다. 태양이 두꺼운 구름 속에서 떠오르면서 깊고 묵직한 주황색 빛살을 내뿜었다. 사막의 새벽에는 여전히 무겁고 서늘한 기운이 서려 있었다. 외로운 새 몇 마리만이 끼룩끼룩 울면서 차 위를 맴돌고 있어 하늘과 땅은 더욱 아득하고 처량해 보였다.

"난 좀 잘래. 너무 일찍 일어났나 봐."

나는 뒷좌석에 몸을 웅크리고 눈을 감았다. 무거운 돌이 가슴을 짓누르는 것처럼 마음이 답답했다. 사막 풍경도 보고 싶지 않았다. 만나고 싶지 않은 누군가가 지평선 위로 불쑥 튀어나올 것만 같았다.

잠깐 잠들었나 싶었는데 쉬지 않고 덜컹거리던 차가 천천히 멈추기 시작했다. 더워서 덮고 있던 담요를 치우는데 갑자기 뒷문이 열렸다. 나는 깜짝 놀라 소리를 빽 질렀다.

"누구야!"

"제 남동생이에요, 싼마오. 동생이 멀리까지 마중 나왔네요."

나는 주춤주춤 일어나 앉아 눈을 비볐다. 웃는 얼굴이 눈에 들어왔다. 순진하고 싱그러운 소년이 나를 보며 인사하고 있었다.

"진짜 무함마드네? 아……."

나는 웃으며 소년에게 손을 내밀었다.

"다 와가요?"

나는 똑바로 앉아 차창을 열었다.

"바로 저기예요."

"또 자리를 옮겼나 봐요. 작년에는 여기가 아니었는데."

"낙타를 다 팔았으니 이제 어디 살든 마찬가지예요."

멀리 오피뤼아의 집인 커다란 갈색 천막이 보였다. 오는 내내 초조하고 불안하던 마음이 비로소 차분해졌다.

높디높은 하늘에서 작은 점 세 개가 날아오듯 오피뤼아의 아름다운 어머니와 두 여동생이 우리에게 다가왔다.

"살람 알라이쿰(평화가 있기를)!"

흐느끼는 낙타

동생들이 소리치며 오빠에게 달려들었다. 이어서 내게 다가와 두 팔로 내 목을 꽉 안았다. 어여쁘고 순진무구한 얼굴, 깨끗한 치마, 새하얀 이, 굵게 땋아 내린 윤기 나는 머리카락…… 그들은 대지의 신선한 기운을 온몸으로 발산하고 있었다.

나는 아들을 품에서 막 풀어 준 오피뤄아 어머니에게 종종걸음으로 다가갔다.

"살람 알라이쿰, 하스밍!"

오피뤄아의 어머니 하스밍이 천천히 두 팔을 벌렸다. 짙푸른 천을 휘감고 머리를 낮게 틀어 올리고 있었다. 우리를 맞이하는 자애로운 눈빛에 진심 어린 정이 담겨 있었다. 뒤쪽으로 펼쳐진 하늘은 어느새 새벽의 잿빛이 걷히고 씻은 듯 청량한 쪽빛이 되어 있었다.

"애들아, 차에 가서 옷감을 가져오자. 너희들 줄 오색 빛깔 유리구슬도 있어."

나는 주위를 경중경중 뛰어다니는 염소 떼를 쫓으며 동생들을 불렀다.

"이건 아버지께 드리는 거야."

호세가 코담뱃잎이 담긴 커다란 통 두 개를 꺼냈다.

"과자도 한 상자 있으니까 가지고 들어가고. 코코아로 만든 거야."

그동안 오피뤼아의 집에 올 때마다 느끼던 기분 그대로였다. 태평성대에 고향에 돌아와 친지들을 만난 것만 같았다. 나는 사람들을 남겨 둔 채 천막으로 달려갔다.

"저 왔어요!"

안으로 들어가자 백발이 성성한 오피뤼아의 아버지가 앉은 채 손을 들었다.

"살람 알라이쿰!"

나는 무릎걸음으로 다가가 좀 떨어진 곳에서 오른손을 쭉 뻗어 노인의 정수리를 가볍게 건드렸다. 이 노인에게만은 가장 예의 바른 방법으로 인사를 드렸다.

곧이어 호세가 들어왔다. 호세도 나처럼 꿇어앉아 노인의 머리를 가볍게 두드리고는 맞은편에 책상다리를 하고 앉았다.

"이번에는 며칠이나 머물 텐가?"

노인이 프랑스어로 물었다.

"시국이 불안하니 저녁에 돌아가려고요."

호세는 스페인어로 대답했다.

"자네들도 사하라를 떠나려는가?"

노인이 한숨을 내쉬며 물었다.

흐느끼는 낙타

"방법이 없다면 떠나는 수밖에요."

호세가 말했다.

"전쟁이야! 예전처럼 태평한 나날이 아니야!"

노인은 더듬더듬 호주머니를 뒤져 묵직한 은발찌 한 쌍을 꺼내더니 내게 손짓을 했다. 나는 노인 옆에 다가앉았다.

"끼워 봐. 자네 주는 거야."

나는 프랑스어를 알아들을 수 없었지만 눈빛으로 무슨 말인지 알 수 있었다. 두 손으로 발찌를 받아 샌들을 벗고 발목에 찼다. 그러고는 일어나서 뒤뚱거리며 몇 발짝 걸어 보았다.

"수이아이니! 수이아이니!(예쁘다! 예뻐!)"

노인이 하사니아 말로 말했다. 나는 그 말을 알아듣고 가만히 대답했다.

"하커!(그러네요!)"

나는 복사뼈에 걸린 아름다운 장신구에서 눈을 떼지 못했다.

"여기 여자들은 다 하나씩 갖고 있어요. 여동생들은 아직 어려서 당신부터 주는 거예요."

오피뤼아가 우정 어린 목소리로 말했다.

"저 나가 봐도 돼요?"

노인이 고개를 끄덕이자 나는 곧장 하스밍에게 달려가 두

발을 보여 주었다.

두 여동생은 양을 잡을 준비를 하고 있었다. 마른 가시나무 더미로 피워 놓은 불에서 푸른 연기가 모락모락 피어올랐다.

나는 하스밍과 나란히 서서 광활한 원시의 황야를 바라보았다. 그들의 천막은 원래 더 남쪽에 있었고 이웃도 많았는데 왜 이렇게 황량한 곳으로 왔을까?

"사하라는 정말 아름다운 곳이야."

하스밍은 두 손을 우아하게 쳐들며 변함없이 자신의 땅을 찬미했다. 올 때마다 한결같이 보게 되는 모습이었다.

그녀의 손길이 마술처럼 사방을 스쳐 갔다. 문득 시심詩心이 한 가닥씩 일어나며 내 마음과 의식을 가득 채워 나갔다.

이 세상에 제2의 사하라는 없다. 사하라 사막은 단지 자신을 사랑하는 이에게만 아름다움과 부드러움을 드러낸다. 그대의 사랑에 사막은 영원히 변치 않는 하늘과 대지로 묵묵히 보답하며 조용히 약속한다. 그대의 자손 모두 사하라의 품에서 태어나리라고.

"양을 잡아야죠. 오피뤄아 불러 올게요."

나는 천막으로 뛰어갔다.

오피뤄아가 밖으로 나가자 나는 바닥에 가만히 누워 깔개에서 풍기는 엷은 담뱃잎 냄새를 맡았다. 이 집 식구들은 각각 다른 체취를 갖고 있었지만 모두 익숙하게 느껴졌다.

한참 있다가 오피뤄아가 와서 넌지시 말했다.

"다 잡았으니까 나와도 돼요."

양을 잡는 광경만큼은 무서워서 도저히 대면할 수가 없었다.

"이렇게 큰 새끼 양을 두 마리나 잡았네. 다 먹을 수 있을까요?"

나는 하스밍 곁에 쪼그리고 앉아 물었다.

"모자라지! 좀 있으면 뤄아의 형들이 올 거고 자네들도 갈 때 한 덩이 가져가야지. 지금 쿠스쿠스도 만들고 있어."

"그러고 보니 뤄아의 형들은 본 적이 없네요. 지금껏 아무도 못 봤어요."

"다들 떠났어, 오래전에. 집에 한번 들르기가 그렇게 힘든가, 자네들이 서너 번 올 때 한 번 올까 말까라니까. 에휴······."

"이번에는 오려나요?"

"왔어!"

하스밍이 나직이 말했다. 그러고는 다시 쪼그리고 앉아 음식을 만들었다.

"어디요? 아무도 없는데!"

나는 의아하기만 했다.

"잘 들어 봐!"
"천막에서 얘기하는 소리요?"
"자네는 안 되겠어! 귀가 없구먼."
하스밍이 웃었다.

조금 뒤, 하늘 끝에서 누런 먼지가 연기처럼 피어오르더니 높은 하늘로 흩어졌다. 뭔지는 모르겠지만 분명 우리를 향해 오고 있었다. 걸어서 오는 걸까? 뛰어서? 낙타를 타고? 아니면 차를 타고?

하스밍이 천천히 일어났다. 모래 위로 차츰 분명한 형상이 나타났다. 가로로 길게 늘어선 위풍당당한 황토색 지프 무리가 우리 쪽으로 똑바로 달려오고 있었다. 점점 가까워져 차에 탄 사람이 똑똑히 보일 만한 거리에 이르자 지프들은 천천히 흩어지면서 천막을 커다랗게 에워쌌다.

"하스밍, 아들들이 분명해요?"

살기가 느껴지는 기세였다. 나도 모르게 하스밍의 옷깃을 꼭 잡았다.

그때 얼굴을 가린 사람들이 타고 있는 차 한 대가 우리 쪽으로 스윽 다가왔다.

몸서리가 쳐졌지만 그 자리에 못 박힌 것처럼 한 걸음도 내딛을 수가 없었다. 다가오는 사람들의 두건 밑으로 독수리처럼 매서운 눈초리가 느껴졌다.

오피뤼아의 동생들이 소리를 지르며 지프로 달려갔다.

"오빠! 오빠! 으앙……."

두 여동생은 우는 듯한 목소리로 외치며 지프에서 내린 사람들에게 달려들더니 끝내 울음을 터뜨렸다.

하스밍은 두 팔을 벌리며 아들들 이름을 더듬더듬 부르고 있었다. 앙상하고 아름다운 얼굴은 어느새 눈물범벅이었다.

다섯 아들이 돌아가며 자그마한 어머니를 애인처럼 꼭 껴안았다. 그들은 한참을 아무 말 없이 서로 안고 있었다.

오피뤼아도 진작에 나와 조용히 형제들을 끌어안았다. 쥐 죽은 듯 고요한 가운데 나는 여전히 급소를 찔린 듯 꼼짝하지 못하고 있었다.

형제들은 한 사람씩 천막 안으로 기어 들어가서 꿇어앉아 늙은 아버지의 머리를 살며시 어루만졌다. 오랫동안 헤어져 있던 아들들을 다시 보자 노인의 얼굴도 기쁨과 감격의 눈물로 얼룩졌다.

그 다음 그들은 비로소 호세와 묵직한 악수를 나누고 또 나를 부르며 악수를 청했다.

"싼마오!"

"다 우리 형들이에요. 외부인이 아니에요."

오피뤄아가 흥분한 목소리로 말했다. 그들이 두건을 벗었다. 정말 오피뤄아와 닮은 모습이었다. 다들 가지런한 하얀 이가 돋보이는 잘생긴 얼굴에 건장한 체격이었다.

그들은 겉옷을 벗으려다 뭔가 묻는 듯한 표정으로 오피뤄아를 돌아보았다. 오피뤄아가 고개를 살짝 끄덕였다.

오피뤄아의 형들은 조심스레 겉옷을 벗었다. 유격대의 황토색 제복이 나타났다. 순간 두 눈이 불에 덴 것처럼 화끈거렸다. 호세와 나는 눈빛을 나눌 틈도 없이 돌처럼 굳어 버렸다. 속았다는 생각에 온몸의 피가 거꾸로 솟구치는 듯했다. 호세는 여전히 벽처럼 꼼짝 않고 침묵을 지킬 뿐 얼굴에 어떤 표정도 드러내지 않았다.

"호세, 오해하지 말아요. 오늘은 정말 단순한 가족 모임이에요. 다른 뜻은 전혀 없어요. 제발 이해해 주세요."

얼굴이 벌게진 오피뤄아가 다급하게 설명했다.

"모두 와예다(아들)야. 괜찮아, 호세. 하스밍의 와예다라고."

이럴 때는 여인만이 언 땅을 녹이듯이 긴장된 상황을 풀 수 있었다.

나는 하스밍을 따라 나가 양고기를 잘랐다. 하지만 생각하면 할수록 화가 나서 다시 천막으로 뛰어들어 오피뤄아에게 한마디 했다.

"뤼아, 당신은 우리를 웃음거리로 만들었어요. 이렇게 제멋대로 해도 돼요?"

"사실 뤼아가 마을을 빠져나오는 일이 간단하진 않았지만 그렇다고 굳이 당신들을 속일 필요는 없었습니다. 사실 우리 형제들이 두 분을 만나고 싶었습니다. 뤼아가 늘 당신들 이야기를 했거든요. 마침 우리가 모두 모이는 자리에 뤼아가 당신들을 초청한 겁니다. 제발 언짢게 생각하지 마세요. 이 천막 아래서는 친구가 됩시다!"

형제 가운데 한 사람이 다시 한번 호세의 손을 잡았다. 그의 진실된 설명에 호세는 마침내 마음을 풀었다.

"정치 얘기는 하지 않는다!"

오피뤼아의 아버지가 프랑스어로 불쑥 외쳤다.

"오늘은 차를 마시고 고기를 먹으며 가족과 함께 인륜의 정을 흠씬 맛보는 겁니다. 내일은 다시 동서로 흩어지더라도 말입니다!"

오피뤼아의 형은 이렇게 말하고는 자리에서 일어나 찻주전자를 들고 오는 누이동생을 맞으러 성큼성큼 걸어 나갔다.

오후에는 모두 함께 천막을 손보며 시간을 보냈다. 마른 장작을 산더미처럼 쌓아 놓고 염소와 양이 들어갈 울타리를 쳤다. 이제 노인과 아이만 남은 가족을 위해 호세와 형제들이 힘을 합쳐 동생들이 잘 수 있는 새 천막을 세웠다. 물통에는 가죽 호스를 연결하고 바람이 거센 곳에는 돌로 바람막이 벽을 쌓았다. 부뚜막도 높이고 양가죽을 무두질해 깔개도 만들었다. 오피뤄아의 아버지는 큰아들을 불러 손수 머리를 깎아 주었다.

열심히 움직이는 사람들 속에서 한 남자가 눈에 확 띄었다. 오피뤄아의 둘째 형이었다. 걸음걸이와 몸놀림이 남다르고 성품도 씩씩하고 시원스러워 왕자처럼 출중해 보였다. 말투는 예의 바르고 부드러우면서도 행동이 매우 민첩했다. 낡고 해진 제복도 그가 자연스럽게 내뿜는 광채를 가리지는 못했다. 강렬하고 날카로운 눈빛 때문에 똑바로 마주 보기가 힘들 지경이었다. 사하라위 남자들 가운데 이렇게 준수하면서도 초연함이 깃든 성숙한 얼굴은 처음 보았다.

"당신들, 아마 조만간 마을로 들어가 한바탕 하겠죠?"

호세가 바람 속에서 기둥을 세우며 오피뤄아의 형들에게 말했다.

"그래야죠. 유엔 감찰단이 오는 날 들어갈 겁니다. 우리는 유엔에 기대를 걸고 있어요. 그리고 사하라위족이 이 땅에 대한 결정권을 갖고 있다는 걸 보여 줄 겁니다."

"잡히지 않게 조심해요."

내가 끼어들었다.

"주민들이 지지해 주니 괜찮을 겁니다. 지독하게 운이 없지만 않으면 잡힐 리는 없어요."

"다들 이상주의자로군요. 나라를 세우는 일을 너무 낭만적으로만 생각하고 있어요. 정말 독립을 한다 해도 인구의 절반이 넘는 무지하고 난폭한 국민들은 어쩔 거예요?"

나는 땅바닥에 앉아 새끼 양 한 마리를 안은 채 그들에게 소리쳤다.

"자원을 개발하고 국민들을 교육하는 게 우선 할 일이죠."

"누가 개발해요? 7만 인구가 모두 국경에 둘러서도 다 채우지 못할 텐데. 다시 알제리의 보호국으로 전락하면 지금보다 훨씬 나빠질걸요."

"싼마오, 당신은 너무 비관적이에요."

"당신들은 너무 낭만적이에요. 유격전이야 할 수 있죠. 하지만 나라를 세우는 건 아직 시기상조예요."

"온 힘을 다할 겁니다. 성공과 실패는 계획대로 되는 게 아니니까요."

그들은 태연하게 대답했다.

일을 마무리하자 하스밍이 새 천막에서 뜨거운 차를 마시자고 모두를 불렀다. 천막에는 벌써 깔개까지 다 깔려 있었다.

"뤼아, 해가 지고 있어요."

호세가 하늘을 보며 오피뤼아에게 슬그머니 말했다. 떠나기 서운한 기색이었지만 얼굴에 갑작스레 피곤이 몰려들었다.

"가자! 하늘이 온통 새까매지기 전에 서둘러야지."

나는 곧바로 자리에서 일어났다. 우리가 갑자기 떠나려 하자 하스밍은 차를 따르려다 말고 급히 뛰어가 양 다리를 싸 들고 나왔다.

"좀 더 있다 가지 그래?"

하스밍이 애원하다시피 나직하게 말했다.

"하스밍, 다음에 또 올게요."

"다음은 없어, 내가 알아. 이번이 마지막일 거야. 호세, 싼마오, 자네들은 영원히 사하라를 떠나게 될 거야."

하스밍이 조용히 말했다.

"독립을 하면 돌아올 수 있겠죠."

"독립이 될까, 모로코에서 곧 쳐들어올 텐데. 우리 애들은 꿈을 꾸고 있어, 꿈을……."

오피뤼아의 아버지가 백발이 성성한 머리를 흔들며 중얼거렸다.

"서둘러야 해요. 금방 해가 떨어져요."

내가 재촉하자 노인이 천천히 배웅하러 나왔다. 한 손은 호세의 손을, 다른 손은 오피뤄아의 손을 잡고 있었다.

나는 양 다리를 받아 차 안에 넣은 다음 돌아서서 하스밍과 두 여동생을 말없이 껴안았다. 그 다음 오피뤄아의 형들을 찬찬히 바라보았다. 눈 속에 천 가지 만 가지 이야기가 스쳐 지나갔다. 우리는 결국 다른 두 세계의 사람이었다!

차에 오르려는데 오피뤄아의 둘째 형이 불쑥 다가와 정중히 악수를 청하더니 살며시 말했다.

"싼마오, 샤이다를 잘 보살펴 줘서 고마워요."

"샤이다?"

뜻밖의 말이었다. 그가 어떻게 샤이다를 알지?

"샤이다는 제 아내입니다. 앞으로도 잘 챙겨 주세요."

순간 그의 눈빛에 그윽한 마음과 함께 깊은 슬픔이 가득 차올랐다. 황혼 속에 마주 서서 비밀을 나누며 그는 쓸쓸히 웃었다. 그리고 멍하니 서 있는 나를 남겨 둔 채 휙 돌아서서 성큼성큼 가버렸다. 서늘한 저녁 바람이 불어와 나는 부르르 몸을 떨었다.

"뤄아, 샤이다가 둘째 형의 아내였군요."

돌아오는 차 안에서야 꿈에서 깨듯 정신을 차렸다. 나는 남몰래 고개를 끄덕이며 감탄했다. 그래, 저런 남자만이 샤이다와 어울리는 짝이지. 하늘 아래 결국 그녀와 어울리는 사하라위 남자가 있었구나.

"파시리의 유일한 부인이에요. 결혼한 지 7년 됐어요. 아!"

오피뤼아는 애수에 잠긴 듯 고개를 끄덕였다. 그 역시 마음속으로 샤이다를 사랑하고 있는지도!

"파시리?"

호세가 갑자기 브레이크를 밟았다.

"파시리! 둘째 형이 파시리라고요?"

나는 날카롭게 소리쳤다. 온몸의 피가 거꾸로 솟는 듯했다. 파시리는 요 몇 년간 신출귀몰 활약하며 유격대를 이끄는 흉악무도한 우두머리였다. 방금 샤이다의 이름을 부르며 내게 악수를 청한 그 사람이 바로 '사하라의 영혼' 파시리라니.

우리는 너무나 큰 충격을 받아 한참 동안 아무 말도 하지 못했다.

"부모님은 샤이다를 모르시는 것 같던데요."

"모르세요. 샤이다는 천주교도예요. 아버지가 아시면 파시리를 죽이라고 할걸요. 게다가 파시리는 모로코 놈들이 샤이다를 이용해 자신을 협박할까 봐 아무에게도 말하지 않았어요."

"유격대는 삼면에 적을 두고 있어요. 모로코와 싸워야지, 스페인도 막아야지, 거기다 남쪽의 모리타니도 조심해야지. 숨

돌릴 틈도 없는 상황이에요. 결국 모든 게 헛된 일일걸!"

호세는 유격대의 몽상을 놓고 이렇게 단언했다.

나는 차 뒤로 흘러가는 대사막을 멍하니 바라보았다. 호세의 그 말을 듣자니 문득 『홍루몽』의 한 구절이 떠올랐다. 세상사를 깨우친 이는 불문佛門에 들어가고 어리석게 헤매는 이는 헛되이 목숨을 버리리. 마음이 답답하고 울적해졌다.

왠지 모르지만 파시리가 곧 죽음을 맞으리라는 느낌이 들었다. 반평생을 사는 동안 이런 육감이 종종 찾아왔는데 빗나간 적이 거의 없었다. 불길한 예감에 사로잡힌 나는 창밖만 하염없이 바라볼 뿐 꼼짝도 하지 않았다.

"싼마오, 왜 그래?"

호세의 목소리가 나를 깨웠다.

"좀 누울래. 오늘 정말 피곤했어!"

담요를 덮고 나 자신을 깊이 파묻어 보았지만 울적한 마음은 풀리지 않았다.

유엔 감찰단이 사하라에 온 날이었다. 스페인 총독은 사하라위 사람들에게 자유롭게 입장을 표명할 기회를 주겠다고 다시 한번 약속하고, 질서만 잘 지켜 준다면 스페인은 결코 서사하라를 탄압하지 않을 것이라며 이미 2년여를 말해 온 서

사하라의 민족 자결을 거듭 확인했다.

"사람들을 속이면 안 되지. 내가 스페인 정부라면 저렇게 통 큰 척은 안 해."

나는 또다시 우울해졌다.

"식민주의는 몰락했어. 스페인이 통이 큰 게 아니라 스페인도 몰락한 거야."

호세도 요사이 마음이 편치 않아 보였다.

유엔에서는 서사하라 문제를 중재하기 위해 이란, 코트디부아르, 쿠바 3개국을 대표로 하는 조정위원회를 구성했다.

공항에서 시내로 이르는 도로에는 이른 새벽부터 사하라위 사람들이 빽빽이 들어차 있었다. 그들은 스페인 경찰과 대치한 채 아무 소란도 없이 조용히 대표단의 차량 행렬을 기다리고 있었다.

총독이 대표단을 무개차에 태워 라윤 시내로 들어오자 사하라위 사람들은 일제히 우레와 같은 고함을 치기 시작했다.

"민족 자결! 민족 자결! 우리는 민족 자결을 원한다!"

수많은 조각 천을 기워 만든 크고 작은 유격대의 깃발이 광풍이 몰아치듯 드높이 펄럭였다. 남녀노소 할 것 없이 모두 희망에 넘쳐 미친 듯이 춤을 추었다. 사람들은 하늘이 무너지고 땅이 갈라질 정도로 부르짖고 또 부르짖었다. 천천히 나아가는 차량을 뒤따르며 사하라는 포효하고 마지막 발버둥을 치고 있었다…….

"꿈같은 소리지!"

나는 시내에 있는 친구 집 베란다에 서서 탄식했다. 불 속으로 뛰어드는 나방처럼 가망 없는 일에 목숨 걸고 싸우는 사람들을 보니 마음이 아팠다. 하루아침에 그렇게 분명하게 해결될 문제로 보인단 말인가?

스페인 정부의 태도는 사하라위족에 비하면 훨씬 분명했다. 그들은 아무런 저지나 반대도 없이 서사하라를 유엔에 맡겨 둔 상태였다. 스페인은 결국 물러나려는 것이다. 그러면 누가 올까? 파시리는 아닐 것이다. 그가 7만 약소민족의 수령이 된다는 것은 영원히 불가능하리라.

유엔 조정위원회는 금세 서사하라를 떠나 모로코로 갔다. 그러자 사하라위족과 스페인 사람들은 이상하게도 아주 친해졌다. 심지어 전보다 더욱 화목해진 느낌이었다. 스페인은 모로코의 아우성 속에서도 서사하라를 인정하는 입장을 변함없이 유지하며 민족 자결의 실현을 존중하는 태도를 보였다. 주인과 손님 두 나라는 모로코의 전쟁 위협 아래 형제처럼 가까워지기 시작했다.

"관건은 모로코예요, 스페인이 아니라."

그러나 샤이다는 날이 갈수록 얼굴빛이 어두워졌다. 그녀는 순진한 사하라위 사람들과는 달리 누구보다도 상황을 잘 파악하고 있었다.

"모로코라고! 유엔에서 우리 서사하라가 민족 자결을 해야 한다고 하면 모로코쯤은 신경 쓸 것 없다고. 아니면 스페인이 모로코와 헤이그 법정에서 담판 지으면 되고!"

사하라위 사람들은 대부분 맹목적인 낙관론자였다.

10월 17일, 헤이그 국제법정에서는 한참을 질질 끌어 오던 스페인령 서사하라 문제를 마침내 결말지었다.

"아! 우리가 이겼다! 우리가 이겼어! 평화다! 희망이 있어!"

사람들은 방송을 듣고 거리로 뛰쳐나와 온갖 물건을 두드리며 미친 듯이 뛰어다니고 소리를 질렀다. 서로 알든 모르든, 스페인 사람이건 사하라위 사람이건 서로 껴안고 환하게 웃으며 펄쩍펄쩍 뛰었다. 온 거리가 축하 분위기에 휩싸였다.

"들었지? 스페인과 서사하라 문제가 평화롭게 해결되면 우리는 여기 남아 있자."

호세가 함박웃음을 지으며 나를 끌어안았다. 하지만 나는 몹시 불안하고 걱정스러웠다. 왠지 큰일이 닥칠 것만 같았다.

"그렇게 간단할 리가 없지. 애들 소꿉장난이 아니잖아."

나는 여전히 낙관할 수 없었다.

그날 저녁 사하라 방송국 아나운서가 침통한 표정으로 속보를 전했다.

"모로코 국왕 하산이 지원군을 모집해 내일 아침 서사하라를 향해 평화로운 진군을 시작하겠다고 밝혔습니다."

호세가 탁자를 내리치며 벌떡 일어나 고함을 질렀다.

"제기랄!"

나는 얼굴을 무릎에 파묻었다.

더욱 두려운 일이 벌어졌다. 하산, 그 악마 같은 왕이 30만 명을 모집했지만 다음 날 이미 200만 명이 참가 서명을 했다는 소식이 전해졌다.

스페인 저녁 뉴스는 모로코의 평화군이 진군하는 모습을 중계방송했다.

'10월 23일 라윤을 점령한다!'

모로코 사람들은 이렇게 외치며 벌떼처럼 나섰다. 병력을 총동원한 것은 물론 남녀노소 할 것 없이 수많은 국민이 하산이 내딛는 발걸음을 따라 춤추고 노래하며 행진하고 있었다. 국경을 향해 천천히 압박해 들어오는 그들의 무시무시한 걸음걸음이 텔레비전을 보는 우리 마음을 짓밟고 들어왔다.

"저런, 저런 개자식들!"

나는 화면 속에서 춤추고 환호하는 모로코 사람들을 증오하며 욕을 퍼부었다.

"빌어먹을!"

사막 군단의 사나이들은 모두 정신 나간 것처럼 국경 쪽으로 이동해 갔다. 국경과 라윤 시는 40킬로미터밖에 떨어져 있지 않았다.

10월 19일, 진군하는 모로코인이 점점 늘어 갔다.

10월 20일, 신문 위의 화살표가 더 길어졌다.

10월 21일, 스페인 정부는 돌연 골목골목 확성기를 통해 스페인의 부녀자와 아이들은 속히 대피하라고 알렸다. 민심은 갑자기 둑이 터진 양 무너져 내렸다.

"빨리 떠나요! 싼마오, 빨리 서둘러요."

시내에 살던 스페인 친구들은 가구도 버린 채 작별을 고하고 부랴부랴 공항으로 달려갔다.

"싼마오, 빨리 떠나요, 빨리요."

보는 사람마다 우리 집 문을 두들기며 재촉하고는 차를 타고 떠나 버렸다.

거리의 스페인 경찰도 순식간에 없어졌다. 항공사 문밖에 모여 있는 사람들뿐, 도시는 텅 비어 버렸다.

호세는 철수하는 스페인 군대를 돕느라 인산 회사의 부두에 밤낮없이 매여 있어야 했다. 이런 위급한 상황에서도 집에 와서 나에게 신경 써줄 수가 없었다.

10월 22일, 한디의 지붕에 난데없이 모로코 국기가 휘날리고 있었다. 이어 시내에서도 모로코 국기들이 나부끼기 시작했다.

"한디, 너무 이른 것 아니에요?"

나는 낙심한 나머지 눈물이 나려 했다.

"나한테는 처자식이 있어요. 내가 어쩌길 바라는데요? 내가 죽으면 좋겠어요?"

한디는 발을 동동 구르더니 고개를 숙인 채 서둘러 자리를 떴다.

쿠카가 호두알처럼 퉁퉁 부은 눈으로 달려왔다.

"쿠카 너……."

"내 남편 아부디가 가버렸어요. 유격대에 가담했어요."

"훌륭해. 어려운 결정을 했어."

구차하게 사느니 차라리 떠났구나!

"문 꼭 잠그고 누군지 확인한 다음에 열어 줘. 내일까지는 모로코 사람들이 못 와. 아직 멀었어! 당신 비행기표는 샤이미한테 잘 부탁해 놨으니 빠뜨리지 않을 거야. 시간이 되면 나도 바로 올 거지만 만일 상황이 나빠지면 당신 먼저 짐 챙겨서 공항으로 가. 나는 나대로 방법을 찾아볼게. 씩씩해야 돼."

나는 고개를 끄덕였다. 호세는 눈시울이 붉어진 채 다시 철수하는 스페인 군대를 도우러 100킬로미터 밖의 일터로 돌아갔다. 인산 회사 직원들이 총동원되어 가장 귀중한 물건부터 배에 싣는 작업을 했다. 아무도 일을 그만두거나 불만스러워하지 않았다. 카나리아 제도의 스페인 민간 선박도 모두 와서 대기하며 명령을 기다리고 있었다.

그날 저녁, 나 혼자 집에 있는데 가만히 문 두드리는 소리가 들렸다.

"누구세요?"

나는 큰 소리로 물으며 등불을 껐다.

"샤이다예요. 빨리 문 열어요!"

얼른 문을 열자 샤이다가 잽싸게 들어왔다. 얼굴을 가린 남자가 뒤따랐다. 나는 곧바로 문을 잠갔다.

샤이다는 잔뜩 겁에 질려 있었다. 두 팔로 몸을 감싼 채 부들부들 떨면서 휘둥그레진 눈으로 숨을 헐떡였다. 낯선 남자는 자리에 털썩 앉더니 천천히 얼굴을 가린 두건을 풀었다. 그리고 나를 향해 고개를 끄덕이며 미소를 지었다. 파시리였다!

"죽고 싶어 환장했어요! 한디는 이미 모로코 사람이 되었다고요."

나는 달려가 불을 모두 끄고 두 사람을 창문이 없는 침실로 밀어 넣었다.

"옥상은 공동으로 쓰는 거예요. 지붕이 뚫려 있어서 집 안이 다 들여다보여요."

나는 침실 문을 단단히 잠그고 침대 머리맡의 작은 등을 켰다.

"먹을 것 좀 주세요!"

파시리가 탄식하듯 말했다. 샤이다가 부엌으로 가려고 일어섰다.

"내가 할게요. 여기 가만히 있어요."

나는 낮게 말하며 샤이다를 앉혔다.

파시리는 너무 굶주린 나머지 얼마 먹지 못하고 한숨을 푹 쉬었다. 어찌나 초췌한지 도저히 사람 꼴이 아니었다.

"뭐 하러 돌아왔어요, 이런 때?"

"샤이다를 만나려고요!"

파시리는 샤이다를 바라보며 긴 한숨을 쉬었다.

"모로코의 진군이 시작되던 그날부터 알제리에서부터 밤낮으로 쫓겼어요. 며칠을 도망 다닌 건지······."

"혼자요?"

파시리는 고개를 끄덕였다.

"다른 유격대원들은요?"

"모로코를 막으려고 국경으로 갔어요."

"모두 몇 명인데요?"

"이천 명 좀 넘어요."

"마을에는 유격대원이 얼마나 있어요?"

"지금은 단 한 사람도 없을걸요. 하, 사람의 마음이란!"

파시리가 자리에서 일어났다.

"계엄 전에 가야 해요."

"뤼아는요?"

"지금 뤼아에게 가려고요."

"어디 있는데요?"

"친구 집에요."

"믿을 수 있어요? 그 친구가 정말 믿을 만해요?"

파시리가 고개를 끄덕였다.

나는 잠깐 망설이다가 서랍에서 열쇠 하나를 꺼내 파시리에게 내밀었다.

"파시리, 이건 친구가 나한테 준 빈집 열쇠예요. 술집 옆에 있는 둥근 지붕에 노란색 집이에요. 잘못 찾으면 절대 안 돼요. 만약 당신을 받아 주는 곳이 없으면 거기 가서 숨어요. 스페인 사람 집이니까 의심하는 사람은 없을 거예요."

"당신에게 폐를 끼칠 순 없죠. 됐어요."

파시리가 열쇠를 받으려 하지 않자 샤이다가 간절한 목소리로 말했다.

"열쇠 가져가요. 갈 곳이 하나라도 더 있는 게 낫지. 이 마을 사람들은 모두 모로코 첩자예요. 싼마오 말 들어요."

"갈 곳이 있어요. 싼마오, 샤이다는 돈도 좀 있고 간호도 할 줄 알아요. 당신이 샤이다를 데리고 가주세요. 아이는 수녀님이 데려가요. 둘로 나눠서 가면 사람들 시선을 끌지 않을 거예요. 모로코 놈들이 내 처자식이 마을에 있다는 걸 알아요."

"아이?"

나는 영문을 모른 채 샤이다를 보았다.

"나중에 설명할게요."

샤이다는 나가려는 파시리를 붙잡고 아무 말 못 한 채 부들부들 떨고 있었다.

파시리는 샤이다의 얼굴을 감싸 쥔 채 몇 초간 말없이 바라보다가, 긴 한숨을 내쉬며 그녀의 머리카락을 부드럽게 쓸어 넘기고는 휙 돌아서서 성큼성큼 가버렸다.

샤이다와 나는 가만히 누워 뜬눈으로 밤을 보냈다. 날이 밝자 샤이다는 출근하겠다고 고집을 부렸다.

"아이가 오늘 수녀님하고 스페인에 가요. 보러 가야 돼요."

"오후에 병원으로 찾아갈게요. 비행기표를 구했다는 소식이 있으면 우리도 바로 떠나요."

샤이다는 정신 나간 듯 고개를 끄덕이고는 느릿느릿 걸어 나갔다.

"기다려요, 차로 데려다줄게요."

차가 있다는 것도 잊고 있었다.

멍한 상태로 한나절을 보냈다. 5시쯤 병원에 가려고 차에 오르는데 기름이 바닥나 있었다. 할 수 없이 먼저 주유소로 가야 했다. 밤새 한숨도 못 잔 탓에 머리가 어지럽고 귀가 윙윙거렸다. 식은땀이 줄줄 흐르고 쓰러질 것처럼 기운이 없었다. 몽롱한 채로 차를 몰다가 바리케이드에 부딪쳤다. 그제야 깜짝 놀라 급히 차를 세웠다.

"뭐야, 여기도 또 막아요?"

나는 보초를 선 스페인 병사에게 물었다.

"사고가 나서 사람을 묻고 있습니다."

"사람을 묻는데 교통까지 통제해요?"

힘들어 죽을 것 같았다.

"파시리가 죽었습니다. 그 유격대 우두머리 말입니다!"

"거짓말…… 거짓말!"

나는 버럭 소리를 질렀다.

"정말입니다. 제가 왜 거짓말을 하겠습니까?"

"잘못 알았겠죠. 잘못 안 게 분명해요."

나는 또다시 소리를 질렀다.

"잘못 알 리가 있습니까? 연대 본부에서 직접 검시하고 파시리 동생이 확인했습니다. 그자도 구류했는데 풀려날지는 모르겠습니다."

"어떻게 그럴 수가 있어요? 어떻게?"

나는 애원하다시피 말했다. 방금 들은 말이 제발 사실이 아니었으면 했다.

"사하라 사람들끼리 싸우다가 죽은 겁니다. 어휴, 피와 살이 뒤엉켜 얼굴조차 못 알아볼 지경이었습니다."

몸이 부들부들 떨려서 후진하려 했으나 기어가 들어가지 않았다. 떨림이 멈추지 않았다.

"제가 몸이 좀 불편해서 그러는데 차 좀 빼주시겠어요?"

흐느적거리며 차에서 내렸다. 보초병은 의아한 눈으로 나를 보았지만 순순히 차를 빼주었다.

"운전 조심하십시오! 빨리 돌아가세요!"

와들와들 떨면서 병원에 이르렀다. 발을 질질 끌다시피 하며 차에서 내린 나는 늙은 수위를 보고 겨우겨우 목소리를 쥐어짜내 물었다.

"샤이다는요?"

"갔어요!"

수위가 가만히 나를 바라보았다.

"어디, 어디로요? 저를 찾으러 갔나요?"

나는 더듬거리며 물었다.

"모르죠."

"수녀님은요?"

"애들 몇 명 데리고 떠났어요. 진즉에 갔죠."

"샤이다가 숙소에 있는 게 아닐까요?"

"없어요. 오후 세 시쯤 얼굴이 하얗게 질려서 가버렸어요. 아무한테도 말도 안 하고."

"오피뤼아는요?"

"내가 어떻게 알아요?"

수위는 귀찮다는 듯 대답했다. 할 수 없이 병원을 나가 시내 쪽으로 정신없이 차를 몰다가 주유소가 나타나자 또 꿈꾸듯 몽롱한 상태로 기름을 넣었다.

"부인, 빨리 뜨세요! 모로코인들이 요 며칠 진군을 멈췄어요."

주유소 직원의 말이 귀에 들어오지 않았다. 다시 차를 몰고 경찰 부대 근처로 가서 사람들에게 물었다.

"오피뤼아 보셨나요? 오피뤼아 보신 분 없어요?"

모두 침울한 얼굴로 고개를 저었다.

"사하라위족 경찰들은 이미 흩어진 지 오래예요."

다시 사하라위 사람들이 많이 모이는 광장으로 차를 몰고 갔다. 토산품을 종종 사던 상점 문이 반쯤 열려 있었다.

"실례합니다, 샤이다 못 보셨어요? 오피뤼아는요?"

노인은 두려운 기색으로 나를 슬그머니 떠밀었다. 그리고 무슨 말인가 하려다 말고 한숨을 쉬었다.

"말해 주세요……"

"빨리 떠나! 당신이 상관할 일이 아니야."

"말해 주시면 바로 갈게요."

나는 노인에게 애원했다.

"오늘 저녁에 샤이다 재판이 열린대."

노인이 주위를 살피며 말했다.

"네? 왜요? 왜요?"

나는 소스라치게 놀랐다.

"샤이다가 파시리를 팔아넘겼어. 모로코 사람에게 밀고했대. 파시리가 돌아왔다가 골목에 숨어 있던 모로코 놈들에게 붙잡혔어."

"말도 안 돼요. 누가 그런 모함을 해요? 내가 가서 말하겠어요. 샤이다는 어젯밤 우리 집에 있었어요. 샤이다는 절대 아니에요. 더군다나, 더군다나 샤이다는 파시리의 아내……."

노인은 또다시 가게 밖으로 나를 떠밀었다. 나는 차에 올라 운전대에 털썩 엎드렸다. 너무나 지쳐 꼼짝도 할 수 없었다.

간신히 집 앞까지 왔다. 사람들 틈에서 이야기를 나누던 쿠카가 나를 보고 달려왔다.

"들어가서 얘기해요."

쿠카는 나를 밀고 집으로 들어갔다.

"파시리가 죽었다는 얘길 하려는 거지."

나는 바닥에 뻗으며 말했다.

"그것뿐만이 아니에요. 그놈들이 오늘 밤 샤이다를 죽인대요."

"나도 알아, 어디서?"

"낙타 잡는 도살장에서요."

쿠카가 허둥지둥 말했다.

"어떤 놈들이?"

"아지비 패거리요."

"그놈들이 고의로 샤이다에게 누명을 씌운 거야. 샤이다는 어젯밤 우리 집에 있었어."

흐느끼는 낙타

내가 소리치자 쿠카는 놀라서 얼굴이 새하얗게 질렸다.

"쿠카, 나 좀 주물러 줘! 온몸이 쑤시고 아파."

나는 바닥에 엎드려 땅이 꺼져라 탄식했다.

"세상에! 어떻게 이럴 수가!"

쿠카가 내 몸을 주물러 주기 시작했다.

"다들 와서 보라고 했어요."

"저녁 몇 시야?"

"여덟 시 반이요. 죄다 나오래요. 안 나오면 두고 보겠대요!"

"아지비가 바로 모로코 첩자야! 너 모르겠니?"

"그놈은 아무것도 아니에요. 깡패 새끼지!"

눈을 감았다. 머릿속에서 주마등이 휙휙 스쳐 가는 듯했다. 누가 샤이다를 구할 수 있지? 수녀는 떠났고 스페인 군대도 현지 일에는 더 이상 관여하지 않을 것이다. 오피뤄아도 보이지 않는다. 나는 아무 힘도 없고 호세도 돌아오지 않는다. 상의할 사람 하나 없다. 나는 완전히 혼자였다.

"몇 시야? 쿠카, 시계 좀 줄래."

쿠카가 시계를 건네주었다. 이미 7시 10분이었다.

"모로코 사람들이 오늘 어디까지 왔대? 무슨 소식 없어?"

"모르겠어요. 듣기론 사막 군단이 국경의 지뢰를 다 제거해 버렸다니까 곧 건너오겠죠. 사막 군단 일부는 물러가지 않고 유격대에 섞여서 사막으로 갔대요."

"어떻게 알았어?"

"한디가 말해 줬어요."

"쿠카, 생각 좀 해봐. 어떻게 해야 샤이다를 구할 수 있지?"

"모르겠어요."

"나는 저녁에 갈 거야. 너는? 나는 가서 샤이다가 어젯밤에 우리 집에서 나랑 같이 있었다고……."

"안 돼요, 안 돼요, 쌴마오. 그러지 말아요. 그랬다간 당신까지 큰일 나요."

쿠카는 울음이 터지려는 얼굴로 황급히 내 말을 막았다.

나는 눈을 감았다. 기진맥진한 상태로 8시 30분을 기다리고 있었다. 어쨌든 샤이다를 꼭 봐야 한다. 재판을 한다면 잔혹한 사형私刑이 있을지라도 설명할 기회는 주어지겠지. 재판은 무슨 재판! 한마디로 아지비란 놈이 샤이다를 차지하지 못하자 누명을 씌운 거다. 세상이 어지러우니 이런 말도 안 되는 일이 일어나 버렸다.

8시가 조금 지나자 바깥에서 인파가 지나가는 소리가 들렸다. 모두들 고개를 떨어뜨리고 있어서 어떤 표정인지 볼 수가 없었다. 걸어가는 사람도 있고 차를 타고 가는 사람도 있었다. 다들 멀찍이 떨어진 모래 골짜기에 있는 도살장으로 향하고 있었다.

　나는 차에 올라 사하라위 사람들 속을 천천히 지나갔다. 길이 끝나고 모래땅이 나타나자 차에서 내려 사람들을 따라 걸어갔다.

　도살장은 내가 가장 질색하는 곳이었다. 죽음을 맞는 낙타의 슬픈 비명이 잇따라 메아리치고 죽은 낙타의 썩은 몸과 뼈가 야트막한 모래 골짜기에 가득 쌓여 있었다. 이 일대는 바람마저 매섭기 그지없었다. 대낮에도 음산한 분위기인데 지금은 황혼의 끝자락이었다. 저녁 해의 한 줄기 옅은 꼬리만이 남아 지평선 위로 가느다란 빛을 뿌리고 있었다.

　도살장은 직사각형 시멘트 건물이었다. 옅은 어둠이 깔리자 모래 위로 그림자가 비스듬히 드리워졌다. 하늘에 있는 거대한 손이 구름 속에서 커다란 관을 꺼내 슬그머니 내려놓은 것만 같았다. 나는 공포에 질려 앞을 똑바로 볼 수 없었다.

　벌써 사람들이 가득 모여 있었다. 양 떼처럼 밀치락달치락하면서도 허둥대는 기색은 없었다. 그렇게 많은 사람이 있는데도 아무 소리도 나지 않았다.

　8시 30분이 좀 안 되었을 때, 지프 한 대가 군중을 향해 난폭하게 질주해 왔다. 사람들이 급히 물러서며 길을 내주었다.

높이 솟은 조수석에 죽은 듯이 창백해진 샤이다가 돌처럼 앉아 있었다.

사람을 밀치고 손을 뻗어 샤이다를 부르려 했다. 그러나 도저히 다가갈 수가 없었다. 나는 군중 속에서 수없이 발을 밟히며 파도에 휩쓸린 듯 이리저리 떠밀렸다.

주위를 둘러보았으나 아는 사람은 보이지 않았다. 앞이 안 보여 팔짝팔짝 뛰어야 했다. 아지비에게 머리채를 잡혀 차에서 끌려나오다 넘어지는 샤이다가 보였다. 사람들이 한바탕 웅성거리기 시작하더니 다들 앞으로 밀고 나가려 했다.

샤이다는 눈을 감은 채 움직이지 않았다. 아마 파시리의 죽음을 전해 듣는 순간 마음이 산산이 부서졌으리라. 이제 자신도 죽음만 기다리고 있을 것이다. 수녀가 안전하게 아이를 데려갔으니 이 세상에 남은 미련도 없으리라.

재판도 없고 무슨 설명을 하는 사람도 없었다. 파시리를 거론하는 이도 정의를 외치는 이도 없었다. 샤이다가 질질 끌려나오자 몇몇 놈이 옷 앞자락을 찢어발겼다. 이 수많은 사람 앞에서.

샤이다는 고개를 꼿꼿이 쳐들고 눈을 감고 이를 악문 채 조금도 움직이지 않았다. 아지비가 하사니아 말로 소리 높여 뭐라 지껄였다. 사람들이 또다시 웅성거렸다. 알아들을 수가 없어 옆에 있는 남자를 필사적으로 붙들고 물었지만 그는 고개를 가로저으며 알려 주려 하지 않았다. 나는 다시 사람들 틈을 비집고 들어가 한 여자아이에게 상황을 물었다. 그리고 말도 안 되는 대답을 들었다.

"샤이다를 강간하고 죽인대요. 아지비가 누가 샤이다를 강간하겠냐고 물었어요. 샤이다는 예수쟁이라 강간해도 죄가 되지 않는대요."

"오! 이런, 맙소사! 나 좀 지나가게 해주세요. 길 좀 내주세요. 지나가야 돼요."

죽을힘을 다해 앞사람을 밀쳤다. 그러나 그 길은 너무나도 멀었다. 영원히 다다를 수 없을 것 같았다.

나는 다시 팔짝팔짝 뛰었다. 아지비 패거리 일고여덟 명이 몸부림치는 샤이다에게 달려들어 치마를 찢었다. 샤이다는 옷이 다 벗겨진 채 모래 위를 뒹굴었다. 몇몇 놈이 샤이다의 손발을 붙잡고 꼼짝 못 하게 했다. 그러자 샤이다는 야수처럼 울부짖었다.

'아…… 안 돼…… 안 돼…… 아…… 아…….'

소리치려 했으나 아무런 소리도 나오지 않았다. 울음도 나오지 않았다. 그 처참한 광경을 차마 볼 수 없었지만 보지 않으려 해도 눈은 샤이다에게 고정되어 움직이지 않았다. 안 돼…… 안 돼…… 귓가에는 소리 없는 내 외침만이 울리고 있었다.

그때 갑자기 누군가 뒤에서 표범처럼 덤벼들었다. 한 놈 한 놈 밀쳐내며 번개처럼 돌진한 그는 샤이다의 몸을 짓누르고 있던 놈을 떼어내고 샤이다의 머리채를 잡고 끌어내 아무도 없는 도살장 언덕으로 물러났다. 오피뤄아였다. 권총을 쥔 그는 미친 사람처럼 입에 거품을 물고 있었다. 오피뤄아가 총을 겨누며 아지비 패거리에게 달려들자 일고여덟 놈이 번쩍이는 칼을 빼 들었다. 사람들이 비명을 지르며 뒤돌아 달아나기 시작했다. 나는 밀고 들어가려 안간힘을 썼지만 사람들에 떠밀려 비틀거리며 자꾸만 뒤로 밀려났다. 나는 두 눈을 크게 뜨고 아지비 패거리에 둘러싸인 오피뤄아를 지켜봤다. 오피뤄아는 한 팔로 땅에 쓰러진 샤이다를 끌어안고 한 손에는 총을 들고 표범처럼 기민한 눈빛으로 놈들을 노려보았다. 뒤쪽에서 한 놈이 벌떡 일어나 달려들자 오피뤄아가 총을 한 방 쐈다. 다른 놈들도 덤빌 기회를 엿보고 있었다.

"날 죽여요, 뤄아…… 죽여 줘요…….”

샤이다가 울부짖기 시작했다. 샤이다의 절규는 끊임없이 이어졌다. 나는 공포에 목이 메었다. 흐느낌이 새어나왔다. 귀청을 찢는 요란한 총소리가 잇따라 들려왔다. 놀란 군중이 비명을 지르고 이리저리 밀치며 달아났다. 나는 넘어져 사람들에게 차이고 짓밟혔다. 한순간 사방이 텅 비면서 조용해졌다. 일어나 보니 아지비 패거리가 한 놈을 부축해 차에 태우고 있었다. 땅바닥에는 두 사람의 시체가 있었다. 엎드린 샤이다, 그리고 눈을 부릅뜬 오피뤼아가 샤이다를 향해 기어가려는 듯한 자세로 죽어 있었다. 자신의 몸으로 샤이다를 덮어 주려는 것만 같았다.

나는 멀리서 모래땅에 주저앉았다. 떨림이 그치지 않았다. 어둠이 내려앉으며 그들의 모습을 덮어 버렸다. 바람마저 갑자기 소리를 멈추었다. 눈앞이 차츰 흐려지며 아무것도 보이지 않았다. 도살장에서 들려오는 낙타들의 슬픈 흐느낌만이 점점 커지고 높아졌다. 온 하늘에 가득 퍼진 거대한 천둥 같은 메아리가 나를 뒤덮어 버렸다.

사소한 이야기
식구들이 본 싼마오

싼마오는 없다

우리 집안에 '싼마오'라는 사람은 존재하지 않았어요.

부모님과 언니는 어릴 적부터 그녀를 '둘째'(메이메이妹妹)라고 불렀고 남동생 둘은 '작은누나'라고 불렀지요. 조카들에게 그녀는 굉장히 특이하면서도 재미있는 '작은고모'였고요.

싼마오라는 이름은 1975년 『연합신문』에 처음으로 등장했습니다. 식구들조차 몰랐던 그녀의 사하라 사막 생활기가 세상에 발표되면서 우리의 둘째, 작은누나, 작은고모는 모든 이의 싼마오가 되었습니다. 하지만 그녀가 수많은 독자에게 알려진 1970년대 이후에도 우리 집에서 싼마오라는 이름이 불린 적은 없어요. 우리에게 그녀는 변함없는 둘째이고 작은누나였지요.

부모님은 딸을 정말 자랑스러워하셨지만 밖에서는 절대로 싼마오가 우리 집 둘째 딸이라고 밝히지 않았습니다. 어머니는 이따금 독자 신분으로 책방에 가서 딸이 쓴 책을 훑어보며 이렇게 묻곤 하셨죠. "싼마오 책이 잘 팔리나요?" 그렇다는 대답을 들으면 반색을 하며 살그머니 웃음 짓고는 책을 두세 권씩 사면서 딸을 응원했어요. 아버지는 혼자 몰래 기차를 타고 남쪽으로 내려가신 적이 있어요. 딸의 강연회가 열리는 가오슝 문화센터에 가신 거죠. 그런데 센터에 도착해 보니 이미 자리가 꽉 차 들어갈 수가 없었어요. 아버지는 바깥에서 수천 명 틈에 끼어 앉아 확성기로 나오는 딸의 목소리를 들었고 강연이 끝나자 뿌듯한 마음으로 조용히 기차를 타고 타이베이로 돌아오셨지요.

아버지는 팬레터를 정리하는 일도 맡으셨습니다. 당시 작은누나는 타이완 문단에 그야말로 열풍을 일으켰고, 독자들의 편지가 전국 방방곡곡에서 매달 수백 통씩 눈송이처럼 쏟아졌어요. 처음에는 하나하나 읽었지만 편지가 너무 많아지자 나중에는 몸이 약한 누나가 감당하기 힘든 일이 되었어요. 답장을 하지 않으면 성의를 저버리는 것 같았지만 도저히 일일이 회신할 수 없는 상황이었죠. 그러자 아버지는 일하고 남는 시간을 이용해 날마다 서너 시간씩 독자들이 보내 온 편지를 뜯어보고 읽어 보고 정리하고 분류하고 표찰을 붙이고, 회신하거나 소장해야 하는 편지에 메모를 달아 표시하셨어요. 이 고된 작업을 10년 넘게 기꺼이 해나가며 지극한 딸 사랑을 말없이 표현하셨죠. 독자들의 두터운 사랑과 갖가지 희로애락이 담긴 사연이 커다란 상자 열 몇 개를 가득 채웠지요. 이 상자들은 작은누나의 장례식 때 모두 불태워져 떠나는 길을 함께했습니다.

'싼마오'란 이름은 그녀를 빛내는 후광이었지만 우리가 보기에 그 명성은 그녀에게는 정작 별다른 의미가 없었습니다. 그녀의 내면은 줄곧 천핑陳平*이었죠. 자신에게 충실하고 어린아이 같은 영혼이었어요. 그녀는 세상 곳곳을 돌아다니며 풍부한 경험을 쌓았지만 온갖 고생도 하고 숱한 헤어짐과 만남을 겪었지요. 그녀의 영혼은 언제나 유랑하고 있었습니다.

싼마오의 좋은 친구들과 싼마오의 독자들 그리고 싼마오의 가족인 우리는 각자 또는 모두 그녀의 어떤 면을 들여다보고 이해하고 느꼈을 거예요. 그러나 또 그 누구도 그녀의 모든 것을 제대로 꿰뚫어보지는 못했을 겁니다. 그래서 우리 모두는 서로 다른 기억을 가지고 있고 나름의 방식으로 그녀를 그리워합니다. 여기에 풀어놓는 이야기는 아주 사소해 보이겠지만 우리 가족이 간직한 가장 평범하고 가장 소중한 추억입니다. 이 추억들을 모두와 함께 나누며 20년 전 떠나간 그녀를 그리워하고 싶습니다.

---

* 싼마오의 본명.

뭔가 달랐던 어린 시절

작은누나는 우리 집안 이야기꾼이었습니다. 우리에게는 20여 년을 뚜렷이 남아 있는 한결같은 그림이 있어요. 저녁을 먹고 나서 온 식구가 거실에 모여 앉으면 작은누나는 머리를 높이 묶고 가부좌를 틀고 앉아 손에 커다란 영양크림 한 통을 들고 얼굴을 마사지하면서 이야기보따리를 풀어놓았지요. 보통사람이 말하면 평범하기만 한 경험인데도 작은누나 입에서 나오면 어찌나 신기하고 흥미진진한지 우리는 입을 쩍 벌린 채 정신없이 빠져들었어요. 그래서 작은누나는 늘 자기를 '이야기하는 사람'이라고 했지 작가라고는 하지 않았어요.

사실 작은누나는 어릴 때부터 좀 특이했어요. 이런 일도 있었죠. 어머니에게 용돈을 받은 작은누나가 당시로서는 아주 비싼 땅콩맛 아이스바를 하나 샀어요. 그러더니 큰누나를 끌고 집에서 멀지 않은 동굴(방공호였죠)로 가서 아이스바를 양철 담배 상자에 조심조심 넣었어요. "여기는 시원해서 아이스바가 안 녹을 거야. 내년 여름에 꺼내 먹자!" 이듬해 여름, 자매는 정말로 손을 꼭 잡고 동굴을 찾아갔어요. 온통 녹이 슨 상자를 꺼내 뚜껑을 열어 보니, 아이고! 누렇고 더러운 물밖에 없었죠. 작은누나는 어릴 적부터 이런 귀여운 면이 있었고 그 천진함은 평생토록 사라지지 않았습니다.

타이완에 오기 전 충칭에 살 때 우리 집에는 그네가 있는 커다란 정원이 있었어요. 두 자매는 그네 타고 노는 걸 무척이나 좋아했지요. 그런데 마당에 무덤도 몇 개 있어서 날이 저물면 큰누나는 작은누나를 끌고 집에 들어가려 했어요. 그렇지만 작은누나는 어릴 적부터 담이 커서 높이높이 그네를 타며 깜깜해질 때까지 들어가려 하지 않았죠. 작은누나는 착하고 동정심이 많고 책을 좋아했고 그러면서 용감하고 겁이 없고 반항심도 컸어요. 어릴 적부터 생각이 많아 사남매 가운데 홀로 요동치는 사람이었죠. 나중에는 학교도 가지 않았어요. 지금 생각하면 그 어린 나이에도 우리에게는 각자 인생을 살아가는 태도가 알게 모르게 드러나 있었습니다.

그저 느끼는 대로

싼마오가 사막에서 관을 포장했던 상자로 소파를 만들었던 일 기억하세요? 그런데 관과 타이어로 집 안을 아름답게 꾸몄던 이 여인이 내 누나, 천씨 집안 딸이라는 사실이 우리 식구에게는 참으로 불가사의합니다. 타이완으로 돌아온 작은누나는 부모님과 함께 지냈는데 다섯 평도 안 되는 누나의 방은 책상, 책장, 침대밖에 없고 정말 단출했거든요.

  그렇지만 나중에 작은누나가 산 작은 아파트는 달랐어요. 꼭대기층에 자리 잡은 아담한 보금자리는 온통 대나무 천지였어요. 대나무 벽에 대나무 탁자, 대나무 새장(안에는 카니발 가면을 쓴 어릿광대가 들어 있었어요), 대나무 소파까지 있었어요. 그녀만의 독특한 미적 감각을 고스란히 내뿜는 그곳은 우리 형제자매와 아이들에게 아주 특별한 장소였지요.

  작은누나는 손재주가 남다른 사람이었어요. 집 꾸미는 일 말고도 주변 사람을 세심하게 보살폈고 남편 호세를 통통하게 살찌웠어요. 호세가 날마다 '빗줄기'를 먹겠다고 졸라 대기도 했었죠. 하지만 정작 누나 자신에게는 '먹는 일'이 조금도 중요하지 않았어요. 특히 글쓰기에 집중할 때면 타이베이 아파트 냉장고는 줄곧 텅 비어 있었습니다. 일을 시작하면 밤낮을 잊은 채 먹지도 자지도 않아서 우리가 우유, 찐빵, 소시지, 소고기 육포, 라면 따위를 갖다 놓곤 했지요. 어느 날 아파트를 찾아가 냉장고를 열었더니 몇 입 물어뜯은 생소시지 하나만 덩그러니 들어 있는 거예요. 우리는 깜짝 놀라 소리쳤어요. "이거 작은누나가 먹은 거야?" "그래! 배고파서!"

작은누나는 돈에도 신경 쓰지 않았어요. 잡지와 신문에 끊임없이 글을 실었지만 원고료는 일절 모른 채 어머니께 다 맡겼어요. "난 필요한 게 별로 없어." 누나가 늘 하는 말이었죠. 사실 작은누나는 언제나 청바지에 고무신 아니면 운동화 차림이었고 하이힐을 신는 일은 좀처럼 보기 힘들었어요.

미처 몰랐던 능력

우리 부모님은 술을 못하셔서 손님을 대접할 때도 입술만 대는 분들이었어요. 그런데 둘째 딸은 할아버지들을 닮았는지 브랜디나 위스키 한 병을 다 비우고도 멀쩡했지요. 하지만 썩 즐기지는 않았고 같이 이야기할 친구가 있을 때나 가끔 마시는 정도였어요. 반대로 담배는 아주 지독하게 피워대는 골초였죠. 작은누나는 본가 골목 어귀에 있는 '머리 감는 집'에 자주 갔는데, 주인 할머니나 다른 손님들에게 이런저런 이야기를 들려주며 한 대 한 대 피우다 보면 한 시간에 열 개비는 피웠어요. 글을 쓸 때도 마찬가지였고요. 라이터는 쓰지 않고 꼭 성냥으로 불을 붙였죠. 성냥을 그으며 "향기롭다, 이 유황 냄새"라고 감탄하고 불이 붙으면 "이 불꽃, 이 피어오르는 연기, 얼마나 멋져!" 하고 탄성을 질렀죠. 누나에게 성냥이란 기억의 일부이자 영감을 더해 주는 존재였어요.

  작은누나는 기억력이 엄청나게 좋았어요. 누나가 온갖 언어에 능통한 것도 기억력 덕이 대단히 클걸요. 부모님은 서로 닝보 말과 상하이 말로 이야기를 나누셨어요. 타이완으로 이주해 온 뒤로 누나는 평상시에는 표준어를 썼지만 부모님과 얘기할 때는 닝보, 상하이 말을 썼어요. 쓰촨에서 태어나서 쓰촨 말도 유창했고, 나중에 친하게 지낸 가정부 아주머니에게 타이완 토박이말까지 배웠는데 타지 억양이 전혀 없이 완벽하게 구사했어요. 타이완 주재 일본 회사에서 잠시 일하면서 일본어를 대충 익혔고 출국해서는 스페인어, 영어, 독일어까지 보물 상자에 다 담았어요. 중국어와 스페인어는 그중 가장 빛나는 보석이었죠. 아버지의 유럽 고객이나 친구분이 타이완에 오실 때면 작은누나가 통역사 노릇을 톡톡히 했어요. 주인과 손님 모두 흐뭇한 자리가 되곤 했지요.

사랑이 넘치는 작은누나

  작은누나는 일생을 이리저리 떠돌았지만 역시 마음속에서는 평안과 안정을 찾고 있었는지도 모르겠습니다. 어렵사리 호세를 만났지만 그는 도중에 떠나고 말았습니다. 호세 말고도 작은누나는 친구들을 몹시 사랑했어요. 성별, 국적, 사회적 지위, 학벌, 유명세 따위는 중요하지 않았고 일단 친구가 되면 마음을 터놓았죠. 둔해서 남을 치켜세울 줄은 몰랐지만 무조건 진실하고 성실했고 약한 이에게 특별히 마음을 쏟았어요. 싼마오에게는 좋은 친구가 참 많았고 그들은 그녀의 삶에 크고 작은 영향을 끼쳤습니다.

그러나 싼마오는 늘 이리저리 떠돌며 이렇게 말했지요. "내가 어디에서 왔는지 묻지 말아요……" 그렇게 「감람수」橄欖樹의 노랫말이 생겨났습니다. 이 노래가 널리 회자되고 끊임없이 리메이크될 때마다 우리는 그녀가 자랑스럽고 또 마음이 아픕니다. 싼마오가 떠도는 먼 곳은 우리가 닿을 수 있는 곳이 아니었지만 가족이기에 우리는 그녀의 기쁨과 아픔과 힘겨움을 남들보다 더 민감하게 느낄 수 있었어요. 싼마오가 노랫말을 짓고 리쭝성이 곡을 붙인 「7시」七點鐘에는 누나의 젊은 시절 마음이 가장 잘 드러나 있습니다. 젊은 날 데이트를 앞둔 설레는 마음을 그린 노래지요. "전화벨이 울리면 내 목소리는 다급해지지. 나야, 나야, 나야…… 나야, 나야, 나야……" 그래요! 이 모습이 바로 나의 누나, 나의 작은누나입니다.

다시는 떠돌지 않기를

많은 독자들이 싼마오, 이 집시 같은 여인이 마술을 부리듯 인간 세상에 와서 숱한 이야기를 전하고는 또 마술처럼 떠나 버렸다고 느낍니다. 어느새 20년이 흘러갔군요. 여러분 기억 속에는 여전히 싼마오가 남아 있나요?

우리 집에 싼마오란 사람은 존재하지 않았지만 20년 전 그날 부모님과 큰누나의 '둘째', 나와 형의 '작은누나'는 영원히 우리를 떠나갔습니다.

너무나 그립습니다.

우리가 그녀를 완전히 이해한다고는 할 수 없지만(누군가를 완전히 이해할 수 있는 사람은 아무도 없겠죠) 그녀는 우리를 무척 사랑했고 우리도 그녀를 정말 사랑했어요. 가족인 우리는 그걸로 충분합니다. 딸이 홀연히 세상을 떠나자 아버지는 이렇게 말씀하셨습니다.

"생명이 다한다는 것은 필연이란다. 좀 이르든 늦든 삶을 마치는 방식은 중요하지 않아. 부모 된 마음은 말할 수 없이 슬프고 쓰리고 힘겹고 아쉽지만 둘째가 떠난 것은 우리 인생의 한 부분이고 우리는 이를 받아들일 수밖에 없다. 둘째의 그 오색찬란한 삶은 언제나 거센 풍랑을 겪으며 세차게 출렁였지. 겉으로는 영예로웠지만 속으로는 아픔이 많았어. 다행히도 둘째에겐 아끼고 보살펴 주는 가족과 친구들이 있었지. 아니면 그 애는 더 일찍 떠났을 거야. 둘째는 많은 친구에게 사랑을 주었고 또 많은 보답을 받았다. 우리 둘째를 평안히 쉬게 해 주자꾸나."

만약 다른 세상이 있다면, 그곳에서는 사랑하는 작은누나가 더 이상 떠돌지 않기를 소망합니다.

옮긴이 조은

한양대학교 중어중문학과와 한국방송통신대학교 청소년교육학과를 졸업하고 외주 편집자로 일하고 있다. 『사하라 이야기』, 『흐느끼는 낙타』, 『사랑받고 있어』, 『할머니의 장난감 달달달』을 우리말로 옮겼다.

사하라 이야기 2

초판 인쇄 2020년 6월 10일
초판 발행 2020년 6월 15일

지은이	싼마오
옮긴이	조은
펴낸이	이지나
펴낸곳	지나북스
출판등록	2014년 9월 30일 제2014-000264호
주소	04047 서울시 마포구 어울마당로 5길 52, 2층
전화	02-333-1314 | **팩스** 0505-055-1313
이메일	limonv@naver.com
블로그	www.jinabooks.com

ISBN 979-11-86605-64-6 04820
ISBN 979-11-86605-62-2 (세트)

ⓒ2020, 지나북스

정가 15,000원

- 이 도서의 국립중앙도서관 출판시도서목록(CIP)은 서지정보유통지원시스템 홈페이지(http://seoji.nl.go.kr)와 국가자료공동목록시스템(http://www.nl.go.kr/kolisnet)에서 이용하실 수 있습니다. (CIP제어번호:CIP2020021732)
- 이 책의 내용을 재사용하려면 반드시 저작권자와 지나북스 양측의 서면에 의한 동의를 받아야 합니다. 잘못된 책은 구입하신 곳에서 바꾸어 드립니다.